뉴 스타트업 마인드셋

새로 쓰는 스타트업 성공 신화

뉴 스타트업 마인드셋

샌드라 슈필버그 지음, 최영민 옮김

도서담

NEW STARTUP MINDSET: Ten Mindset Shifts to Build the Company of Your Dreams
Copyright © 2020 Sandra Shpilberg
All rights reserved.
Korean translation rights arranged with the author through Danny Hong Agency, Seoul.
Korean translation copyright © 2022 by DOSEODAM

이 책의 한국어판 저작권은 대니홍 에이전시를 통한 저작권사와의 독점 계약으로 ㈜도서출판도서담에 있습니다. 신저작권법에 의해 한국 내에서 보호를 받는 저작물이므로 무단전재와 복제를 금합니다.

"깊이 있는 통찰력과 실용성을 겸비한 이 게임체인저는
창업을 꿈꾸는 모두가 반드시 읽어야 할 책이다."
줄리 리스콧 하임스, 뉴욕 타임스 베스트셀러 저자

스타트업 창업자를 위한 새로운 사고방식

당신이 꿈꾸는 회사를 만드는 데 필요한 열 가지 새로운 사고방식

샌드라 슈필버그

『뉴 스타트업 마인드셋』에 쏟아진 찬사

"샌드라 슈필버그와 이 책은 유니콘이다. 깊이 있는 통찰력과 실용성을 겸비한 이 게임체인저는 흠잡을 곳 없는 조언과 뛰어난 스토리텔링으로 가득 차 있어 창업을 꿈꾸는 모두가 반드시 읽어야 할 책이다. 특히 전형적이지 않은 길을 걷고자 하는 사람들에게 추천하고 싶다."

- 줄리 리스콧 하임스

뉴욕 타임스 베스트셀러 『헬리콥터 부모가 자녀를 망친다』 저자

"문학적 재능과 사업적 역량이 돋보이는 샌드라 슈필버그의 이 책은 사업가 지망생들의 생각을 더 나은 방향으로 바꾸어 놓을 것이다."

- 미하엘 센베르크

〈아메리칸 이코노미스트〉 명예 편집장, 투로 칼리지 유니버시티 시스템 경제학 교수

"샌드라 슈필버그의 책은 창업자 또는 창업을 고려하고 있는 모두가 반드시 읽어야 할 책이다. 고맙게도 저자는 창업자가 마주할 수 있는 다양한 어려움에 대한 극복법을 내부자의 관점에서 제공한다. 사업을 하는 사람 모두에게 귀중한 자원이 될 것이다."

- 모나 비주어

주어 창업자, 킹스서클캐피탈 파트너,
『Startups and Downs: The Secrets of Resilient Entrepreneurs』 저자

"창업을 생각하고 있다면 『뉴 스타트업 마인드셋』을 꼭 읽어라. 저자는 지혜와 영감을 주는 수많은 사례를 진정성 있는 서술 방식으로 풀어냈다. 이 책이 내가 창업하기 전에 나왔더라면 정말 좋았을 텐데!

- 데렉 시버스

시디 베이비 창업자, 『Anything You Want』 저자

"완벽주의와 두려움은 사업가, 특히 여성과 비주류 집단 사업가에게 거대한 내적 방해물로 작용할 수 있다. 『뉴 스타트업 마인드셋』은 당신의 여정을 탈바꿈시키고 당신이 원하는 방식으로 성공적인 회사를 만들 수 있게 해줄 것이다. 회사 창업에 앞장서고 싶은 사람이라면 반드시 읽어야 할 책이다."

- 샐리 헬게슨

『내 일을 쓰는 여자』 저자

코비와 카리나에게.

우리가 처음 팔로알토로 이사했을 때,

나는 너희들에게 적응력과 정신력이 뛰어나다고 말했었지.

그러자 너희들은 "우리가 입양된 브라질 사람이라그요!?" 라고 대답했고.*

너희들은 지금도, 그리고 앞으로도 영원히

나의 가장 중요하고 사랑스러운 공동 창조물일 거야.

---

* '적응력과 정신력이 뛰어나다 (adaptive and resilient)' 와 '입양된 브라질 사람 (adopted and Brazilian)' 의 영어 발음이 비슷한 탓에 저자의 말을 잘못 이해한 아이들이 엉뚱한 대답을 한 것이다. - 옮긴이

배우면, 가르쳐라.

받으면, 나눠줘라.

마야 안젤루 Maya Angelou

목차

이 책은 당신을 위해 쓰였습니다   14
들어가며: 공식은 깨졌다   15

1부
스타트(Start)

1장 초보자의 사고방식을 가져라   33
2장 몰입하라   47

2부
빌드(Build)

3장 일단 나아가라   67
4장 투자금은 언제나 충분하지 않다   77
5장 유료 고객을 만족시켜라   87

6장 경쟁자와 대화하라 **97**

7장 성장을 위한 고용을 하라 **109**

8장 닫힌 문이 길을 보여준다 **125**

9장 최선을 다한 노력은 번아웃이 아니다 **137**

3부
엑시트(Exit)

10장 정말 좋은 것을 요구하라 (당신에게는 그럴 권리가 있다) **161**

마치며 **196**

인용된 자료 **199**

지속적인 성장을 위한 참고 자료 **201**

이 책은 당신을 위해 쓰였습니다.

- 새로운 것을 시도해보고 싶지만, 두려워서 주저하고 있는 사람
- 새로운 것을 시도해보고 싶지만, 시도하기 전에 X, Y, Z가 일어나길 기다리고 있는 사람
- 힘들게 일하거나 번아웃을 겪고 싶지 않은 사람
- 자신과 스타트업 문화가 잘 맞지 않을까 봐 걱정되는 사람
- 벤처 캐피털의 투자를 받으러 다니는 자신의 모습을 상상할 수 없는 사람
- 경제적 자유를 꿈꾸는 사람
- 내면의 자유를 꿈꾸는 사람
- 인생에서 의미를 찾는 사람

들어가며
공식은 깨졌다

> 여기가 남자의 세계라고 한들, 무슨 상관이야?
>
> — 소피아 아모루소 Sophia Amoruso, 내스티 갤 Nasty Gal 창업자

지금까지의 창업기는 대부분 공식처럼 정형화되어 있다. 젊은 남자가 실리콘 밸리의 한 차고에서 사업을 시작하는 이야기, 익숙하지 않은가? 이 남자의 인종은 백인 또는 인도인, 아시아인이고, 직업은 개발자다. 그의 공동창업자도 비슷한 계열의 사람이다. 남자는 화려한 이름의 인큐베이터 프로그램에 합격해 삼 개월 동안 아이디어를 사업으로 바꾸는 방법을 고민하고, 벤처 캐피털 투자를 받기 위한 피칭 방법을 배운다. 그는 인큐베이터와 엔젤 투자 angel investment (개인 투자자 여럿이 모여 스타트업에 필요한 자금을 지원해 주는 투자 형태. - 옮긴이) 자금을 지원받고 그의 사업에 견인력이 있음을 증명할 방법을 구상하며 다음 한 해를 보낸다.

자금을 더 많이 조달할 수만 있다면, 남자가 생각한다.

남자가 벤처 캐피털 투자자 앞에서 발표를 시작한다. 그는 자신이 사실 9학년 때 반에서 1등이었고, '20대 이하 주목할 만한 인물 20인'

에 든다고 은근히 자랑하며 운을 뗀다. 그리고 사업의 기본(매출과 이익)이 아니라 자유로운 낙천주의와 상상 속에서 지어낸 가치 평가를 기반으로 시리즈 A 투자 유치에 성공한다. 〈테크크런치TechCrunch〉가 남자를 주제로 기사를 쓰고, 이제 광란의 서커스가 시작된다.

남자는 투자 유치를 하러 다니느라 지쳤지만, 남은 아드레날린을 긁어모아 회사를 일궈나간다. 개발자 한 팀을 고용하고 이들이 받는 것과 비슷한 액수의 고연봉을 주고 '(회사의) 어른들'을 고용한다. 그는 샌프란시스코에 화려한 사무실을 임대한다. 사무실 창밖으로는 불이 켜진 현수교가 보이고, 무료 음식이 뷔페식으로 끝없이 나온다. 회사에 해야 할 일이 많지만, 남자는 대부분의 시간을 투자 유치에 할애한다. 다음 시리즈로 넘어갈 때마다 테크 언론사에 더 자주 언급되고, 근거 없이 평가된 회사의 가치는 점점 더 증가한다.

남자의 아버지가 페이스북에 남자가 창업한 회사의 가치가 천만 달러를 달성했다는 기사를 포스팅한다! 남자에게 이보다 더 만족스러운 성공 지표는 없을 것이다. 남자의 자부심이 춤을 춘다. 이 시기가 정점이다. 돈을 내고 물건을 구매하는 고객이 아무도 없다는 사실, 회사가 올해에만 삼백만 달러의 손실을 보았다는 사실은 그에게 중요하지 않다.

남자는 투자 유치가 한 단계씩 진행될 때마다 자신의 지분이 줄어든다는 사실을 알지만, 그것이 게임의 법칙(스타트업 공식)이고 새로운 회사를 설립하려면 어쩔 수 없다고 생각하며 이 수치를 애써 외면한다. 어쨌든 이렇게 대단한 벤처 캐피털 기업들이 그의 회사 투자자 목록에 올라 있으므로 그는 틀림없이 성공할 것이다.

그 성공은 고객이 나타나지 않거나 떠날 때, 혹은 벤처 캐피털 투자자가 이사회에 더 이상 참석하지 않을 때 덧없이 끝날 테지만 말이다. 다음 2년간 남자의 회사는 투자자의 돈을 쓰면서 절뚝거리며 나아간다. 남자는 작은 글씨로 인쇄해서 지갑에 넣어둔 〈테크크런치〉 기사들을 다시 꺼내보지만, 정작 '회사에 돈을 내는 유료 고객이 필요해'라는 중요한 문구는 계속 외면한다. 남자는 또 한 번의 투자 유치 라운드가 필요하다고 믿는다.

'한 번만 더 투자를 받으면, 나의 꿈이 이루어질 거야.' 그렇게 되면 투자자들이 계속 이사회에 참석하는 상위 0.05%의 스타트업 반열에 오르고, 마침내 신규 상장IPO을 통해 자산을 현금화하고, 지속적으로 발생하는 회사의 손실을 공개시장으로 이전 시킬 수 있다.

이제부터 이 공식이 깨졌다는 이야기를 하려고 한다.

이 공식이 깨진 이유는 그 과정이 매출과 이익 같은 실제 결과를 무시하고 선동이나 신빙성 없는 과장된 결과물을 지나치게 강조하기 때문이다. 이 공식은 스스로 한계를 두는 확신으로, 매일 수많은 크리에이터의 창업을 가로막는다.

세상에 영향을 미치는 회사를 창업할 또 다른 방법이 있다.

나는 2015년에 시커 헬스Seeker Health를 창업했다. 나는 무에서 유를 창조해 내듯 시커 헬스의 이익을 매년 세 배, 매출을 두 배씩 불리고, 60개 이상의 바이오테크 기업에 서비스를 제공하는 환자 구인 플랫폼 분야의 선두주자로 성장시켰다. 우리는 심각한 질환에 시달리고 있는 수백만 명의 환자에게 연구 중인 치료제의 임상 시험을 연결시켜 주었다. 그리고 2018년에 내 스타트업은 바이오테크 서비스 대기업에 인수되었다.

이 사업을 경영하는 동안 나는 거의 모든 일을 전통적인 방법과 다르게 했다. 공동창업자를 찾지 않고 혼자 회사를 시작했다. 인큐베이터를 찾지 않았다. 엔젤 투자자나 벤처 캐피털로부터 외부 투자금을 받지 않았다. 첫날부터 고객에게 가치 있는 서비스를 제공하며 돈을 받았다. 나는 개발자가 아니지만, 소프트웨어 개발 과정을 이끌었다. 최대한 작은 규모의 팀을 고용하고, 우리가 자동화를 달성하기 위해 만든 소프트웨어, 즉, '머신machine'에게 회사의 규모 확장을 일임했다. 우리 사무실은 코워킹스페이스co-working space(작은 규모의 회사 또는 개인 사업자가 한 곳에 모여 협업하는 사무 공간이다.-옮긴이)에 있는 큰 벽장 크기의 공간이었고, 무료 음식을 먹는 것 대신 금요일에 재택근무하는 것을 택했다. 나는 허황한 가치 평가가 아니라 매출과 이익을 신경 썼다. 그리고 개인적 자부심이나 교묘한 속임수에 정신을 팔지 않고 유료 고객을 모으고 고객들에게 어떻게 더 개선된 서비스를 제공할지에만 집중했다.

아, 그러고 보니 내가 어떤 사람인지 알려주는 것을 깜빡할 뻔했다. 나는 여성이고, 우루과이에서 온 이민자이며, 학교 다닐 나이의 아이 두 명을 키우는 엄마이자, 매일 여덟 시간씩 잠을 자야 하는 사람이다.

나는 창업에 성공했다. 당신도 나처럼 공식을 던져버리고 새로운 사고방식을 활용하여 당신이 꿈꿔왔던 기업을 만들 수 있다.

이 여정을 시작하기 전에 먼저 스타트업계의 해로운 미신 몇 가지를 떨쳐 버리려고 한다. 깨진 공식에서 유래된 이 미신들은 기업가 정신에 엄청난 한계를 드리우고, 능력 있는 창업자에게 막대한 악영향을 주므로 지금 당장 짚고 넘어가야 한다. 지금 이야기하지 않으면 이 미신들은 두더지 잡기 게임을 할 때처럼 당신의 머릿속에서 갑자기 튀어올라 당신이 앞으로 나아가는 속도를 늦출 것이다. 이제 이 미신들을 하나씩 파헤쳐 줄 테니 만약 책을 읽다가 이런 종류의 미신이 하나둘 떠오른다면 그 못생기고 비열한 두더지들을 두드려잡아라.

우리가 지금 당장 떨쳐버려야 할 7가지 미신

미신 1: 유니콘 기업이 되지 못하면 아무것도 아니게 된다.

스타트업의 생애에 대한 모든 미신 중에서 가장 위험한 생각은 바로 당신이 페이스북이나 구글 같은 회사를 만들지 못하면 당신과 당신의 회사가 아무것도 아니라는 생각이다. 이 생각은 진실과 동떨어져 있다. 유니콘이란 십억 달러 이상의 가치를 지닌 스타트업이다. 이 용어는 벤처 캐피털 투자자 에일린 리Aileen Lee가 2013년에 그런 벤처의 통계적 희귀성을 표현하기 위해 미신 속 동물을 골라 빗대어 만든 것이다. 야심 찬 목표를 세우되, 수많은 기업이 유니콘이 되지 않고도 세상에 큰 영향을 준다는 사실을 기억해라. 유니돈 바로 밑에 사자, 기린,

말, 가젤 등 가치 있고, 실재하고, 건강한 동물이 여럿 있다.

미신 2: 당신이 곧 당신의 스타트업이다.

아니, 그렇지 않다. 당신은 이 행성에서 육체가 허용해주는 만큼의 제한된 시간 동안 의미 있는 삶을 살기 위해 노력하는 인간이다. 당신은 당신보다 오래 살아남을 수도 있고 빨리 사라질 수도 있는 회사에서 일하는 시간으로 인생의 3, 5, 10, 20년을 사용할 수 있다. 하지만 스타트업이 곧 당신인 것도 아니고, 당신이 곧 스타트업인 것도 아니다. 스타트업이 망한다고 해서 당신이 죽는 건 아니므로, 이는 되도록 빨리 떨쳐버려야 하는 미신이다.

미신 3: 공동창업자가 있어야 한다.

당신에게는 공동창업자가 필요하지 않다. 공동창업자의 존재는 회사의 성공 여부에 영향을 줄 수 있기 때문에 신중히 결정해야 한다. 연구에 따르면 팀 단위의 창업보다는 단독 창업이 더 오랜 시간 동안 살아남는 기업을 만든다. 또한, 공동창업자가 있는 기업보다 단독으로 창업한 기업이 더 많은 매출을 창출해낸다.[1] 따라서, 공동창업자를 기다리지 말아라. 당신의 스타트업에 필요한 창업자는 당신 하나로 충분하다.

---

1 제이슨 그린버그 및 이선 몰릭Jason Greenberg and Ethan R. Mollick, "유일한 생존자: 솔로 벤처 대 창업 팀Sole Survivors: Solo Ventures Versus Founding Teams," *SSRN*, 2018년 1월 23일

미신 4: 더 힘들게 일할수록 더 큰 성공을 거둔다.

일을 더 '잘' 할수록 더 크게 성공하는 건 맞지만, 일을 더 잘 하는 것은 시간으로 측정되지 않는다. 일을 더 잘하는 것은 결과물의 품질과 효율성으로 측정한다. 예를 들어, 당신은 잠깐의 시간도 내주지 않을 미지의 고객들에게 영업성 전화를 80시간 동안 돌릴 수도 있고, 당신의 회사에 관심을 보이는 타깃 잠재 고객 다섯 명과 각각 집중된 한 시간짜리 회의를 다섯 시간 동안 할 수도 있다. 80시간 동안 돌린 영업성 전화는 아마 당신의 회사의 매출에 아무런 도움이 되지 않을 것이다. 반면, 타깃 고객과 함께한 다섯 시간은 당신의 스타트업에 최소 50만 달러의 매출을 가져다주고, 당신의 용기를 북돋아줄 것이다. 일을 더 오래 하려고 하지 말고 더 잘 하려고 해라.

미신 5: 벤처 캐피털 투자자에게 투자를 받아야 한다.

벤처 캐피털 투자 외에도 스타트업 자금을 조달하는 방법은 많고, 4장에서 이 주제에 대한 내 생각을 이야기할 것이다. 나는 고객 매출을 기반으로 스타트업을 구축했고 외부 투자금은 전혀 받지 않았다. 시커헬스가 인수될 때도 회사 지분을 전부 소유하고 있었다. 개인의 재무적 관점에서 현금화 기회가 생겼을 때를 생각해보라. 당신은 쉽게 탄생하지 않는 유니콘 기업의 2% 지분을 소유하고 최후순위로 돈을 받을 수도 있지만, 가젤 기업의 100%를 소유하고 가장 먼저 돈을 받을 수도 있다. 여기서 핵심은 벤처 캐피털의 투자가 필요한 사업이 일부 있을 수 있지만, 대부분 사업이 그렇지 않다는 것이다. 게다가 벤처 캐피털이 필요한 사업의 경우라도 투자자들은 견인력이 있는 회사를 찾기 마련이므로, 어떤 상황에서도 스타트업 초기 단계에 벤처 캐피털 없이도 사업을 운영하고, 성장시키고, 견인력을 증명할 방법을 찾아야 한다.

미신 6: 젊은 백인 남자만이 스타트업 창업자로 성공할 수 있다.

전혀 그렇지 않다. 성공한 창업자의 대표적인 이미지가 대학 중퇴자이긴 하지만, 실제로 성공한 창업자의 평균 나이는 45세이며 나이든 창업자가 젊은 창업자보다 좋은 성과를 거둔다.[2] 만약 당신과 비슷하게 생긴 사람들이 창업하는 모습이 보이지 않는다고 해도 이것은 당신의 창업 여정에 전혀 중요하지 않다. 세상에 당신은 단 한 명뿐이고, 당신이 무엇을 만들 수 있는지가 중요하다. 만약 당신이 새로운 길을 개척해야 한다면 자기 자신, 그리고 바로 뒤에 따라오고 있는 당신과 비슷한 사람들을 위해 그렇게 해라.

미신 7: 운이 좋아야 한다.

자신의 운은 스스로 만드는 것이다. 인생에서 마음대로 되지 않는 것이 많지만, 어떤 모습으로 어떻게 일하고, 창조하며, 성장할지는 스스로 결정할 수 있다. 당신은 일하며 당신의 실력과 집중력, 노동관, 인

---

2 피에르 애저레이 등Pierre Azoulay et al. "연구: 성공적인 스타트업 창업자의 평균 나이는 45세다Research: The Average Age of a Successful Startup Founder Is 45," 하버드 비즈니스 리뷰, 2018년 7월 11일

맥, 회복 능력 등에 의지해야 한다. '운이 나빴던' 순간과 실패의 경험은 사업의 방향성을 다시 잡을 때 유용한 데이터로 활용할 수 있다. 우리가 '운'이라고 부르는 요소는 그저 삶이 최고의 성과를 만들어낼 수 있도록 방향을 재설정해 줄 뿐이다. 운을 불러올 수는 없지만, 당신의 실력과 집중력, 주의력을 동원해 창업에 도움이 되는 방향으로 나아갈 수는 있다.

독자가 나에 대해 어느정도 알아야, 나의 경험담과 성장기에 더 잘 공감할 수 있다는 것을 안다.

'당신이 날 잘 안다면'이라는 마음 연결 게임을 통해 서로를 알아가 보자. 게임을 하는 방법은 다음과 같다. 짝을 지어서 (당신과 내가 짝이다) 서로 번갈아 가며 말하는 것이다. 내가 먼저 '당신이 날 잘 안다면, 당신은 아마…'라는 구절로 문장을 시작할 것이다. 2분이 지나면 서로 역할을 바꾼다.

게임을 시작해보자.

당신이 날 잘 안다면, 당신은 아마…

내가 아르헨티나와 브라질 사이에 있는 남미의 작은 나라 우루과이에서 태어났다는 사실을 알 것이다. 나의 조부모님은 폴란드와 루마니아에서 벌어진 홀로코스트로부터 탈출했고, 그들을 구조한 대서양 횡단 선박은 아무도 들어보지 못한 국가로 그들을 데려갔다.

당신이 날 잘 안다면, 당신은 아마…

나의 아버지가 우루과이에서 작은 사업 두 가지(철물점과 가구점)를 운영했고, 나의 어머니가 은행에서 재정 자문가로 일했다는 사실을 알 것이다. 이 세 갈래의 수입원이 풍족한 삶을 제공해주지 못했기 때문에 아버지의 꿈은 더 '생산적인' 나라로 온 가족이 이민을 가는 것이었다. 아버지는 항상 멀리 나아가는 큰 꿈을 꿨다.

당신이 날 잘 안다면, 당신은 아마…

나에게 정말 사랑하는 남동생 두 명이 있다는 사실을 알 것이다. 이 사실은 매우 중요한데, 나는 세 살 때부터 남자들에게 할 일을 지시하고 다녔다.

당신이 날 잘 안다면, 당신은 아마…

1992년, 내가 열여섯 살이었을 때 우리 가족이 미국으로 합법적인 이민을 왔다는 사실을 알 것이다. 우리는 영주권을 손에 쥐고 있었지만, 겨울 코트도 없고 영어도 할 줄 모르는 상태로 인류 역사상 가장 춥고, 흐리고, 우울한 날에 뉴욕 브루클린에 도착했다. 내가 아는 모든 것과 모든 사람을 남겨 두고 와야 했던 경험은 나에게 강력한 영향을 미쳤다. 나는 이 경험을 통해 고통스러울 때도 빨리 움직이고, 앞으로 나아가고, 살아남는 방법을 터득했다.

당신이 날 잘 안다면, 당신은 아마…

우리 가족이 우루과이에서 살았던 어느 때보다 '기회의 땅' 미국에서 더 가난했다는 사실을 알 것이다. 첫 등교 날 나는 두꺼운 빨간색 티켓 한 묶음을 받았다. 어리둥절하여 이게 뭐냐고 물으니 사무실 매니저가 "무료 급식 티켓이야."라고 말했다. 부모님의 수입이 너무 적어서 학교에서 무료 아침과 점심을 먹을 수 있었던 것이다.

당신이 날 잘 안다면, 당신은 아마…

내가 경쟁심이 강하고 진취적인 사람이라는 사실을 알 것이다. 학창 시절 나는 시험에서 98점을 받으면 울었는데, 세 자리 숫자의 성적만 좋아했기 때문이었다. 나는 계획을 세우고 효율적으로 일하는 것을 좋아한다. 이런 성향은 나에게 많은 도움이 됐다. 나는 가족 중에서 처음으로 대학을 졸업했고, 아이비리그 대학교에서 석사 학위를 받았으며, 회사를 창업했고, 그 회사를 매각했고, 경제적 자유를 달성했다. 그리고 생각과 감정을 정리하기 위해 심리 치료를 받고, 스트레스를 관리하기 위해 명상을 한다. 이런 습관 덕분에 매일 두려움을 이겨내며 살아간다.

당신이 날 잘 안다면, 당신은 아마…

내가 나처럼 이민자이자 사업가인 고등학교 시절 남자친구와 결혼했다는 사실을 알 것이다. 상대적으로 안정적인 우리 관계는 불안정한 수입원을 좇는 과정에서 큰 힘이 되었다. 우리는 아이 두 명을 낳았다.

그들은 우리 부부가 저녁 식사 중에 지루한 사업 이야기를 늘어놓아도 참아준다.

당신이 날 잘 안다면, 당신은 아마…

내 인생이 자유롭고 충만하게 느껴지면서 내가 날아오르기 시작한 건, 사고방식을 바꾸고 나서부터라는 사실을 알 것이다. 당신도 나처럼 사고방식을 바꿀 수 있도록 내가 어떻게 했는지 이 책에서 알려주려고 한다.

자, 나에게 주어진 2분이 훌쩍 넘었다.

이제 당신 차례다. 당신의 이야기를 들려주길 바란다.

이 책을 읽어야 하는 이유는 무엇인가?

사고방식이란 확립된 태도의 총집합이다. 당신의 인지 여부와 상관없이 사고방식은 당신이 하는 모든 일과 그 일을 하는 방식에 영향을 준다. 스타트업은 운영을 갓 시작한 회사다. 이 단계에서 스타트업은 제품/시장과의 궁합이 어떤지 확인하고, 직원들을 처음으로 고용하고, 구축 및 성장에 필요한 자원을 확보한다. 스타트업은 죽지 않고 살아남는 것이 가장 중요하다. 회사를 창업하고 구축하는 과정에 어떤 사고방식을 가지고 접근하는가는 기업의 성패를 좌우한다.

내가 이 책을 쓴 이유는 영향력 있는 회사를 창업하고 성장시키는 데 필요한 새로운 사고방식을 소개하기 위해서다. 또한, 가치를 만들어내는 회사를 창업하는 데 필요하다고 알려진 잘못된 스타트업 미신들을 떨쳐내는 데 도움을 주기 위함도 있다. 과도하게 부족한 것, 그리고 흘러넘치는 것 모두에는 비용이 따르기 마련이므로, 가운데 길을 고려해보기 바란다.

『뉴 스타트업 마인드셋』은 이 가운데 길을 찾는 이야기다. 이 길은 당신이 원하는 것을 의도적으로, 그리고 당신의 핵심 가치관과 일관되게 창조할 수 있는 공간이다. 있으니까 따라가는 잘 닦여진 길이 아니라 창조 정신을 가지고 당신이 새로 만드는 길이다.

나는 세상에 존재하지 않았던 무언가를 시작해서 그것의 가치를 최대치로 끌어올리고자 하는 욕구와 배짱, 그리고 지구력이 있는 크리에이터들에게 이 책을 바친다. 당신의 창조물은 회사가 될 수도 있고, 책이나 영화, 수업, 혹은 하나의 왕국이 될 수도 있다. 당신의 꿈이 무엇이건 간에 이 책에서 설명한 사고방식의 전환은 최고의 성과를 창출해내기 위한 로드맵이 될 것이다.

다음을 기약할 것 없다. 나는 당신이 지금 당장 시작할 수 있도록 격려하고자 이 책을 썼다. 당신의 사업이 고객과 직원, 그리고 당신 자신을 포함하여 그 손길이 닿는 모두에게 의미 있는 가치를 전달해 줄 수 있도록 돕기 위해 이 책을 썼다. 『뉴 스타트업 마인드셋』은 당신을 자유롭게 날아오르도록 하기 위해 쓴 책이다.

이 책의 구성

이 책의 구성은 스타트업이 겪는 주기와 동일하다.

1부 '스타트start'에서는 아무것도 없는 상태에서 무언가를 만드는 방법에 대해 이야기한다. 이 첫 번째 단계는 미지의 세계로 뛰어드는 단계로, 필요한 용기를 끌어내기 위해 사고방식의 전환이 요구된다.

2부 '빌드build'에서는 기업을 성장시키는 방법에 대해 집중적으로 다룬다. 이 단계는 필연적으로 장시간이 소요되며 스태미나와 투지, 끈기를 요한다.

3부의 제목은 비즈니스계 은어이기도 한 '엑시트exit'다. 창업자가 죽는 날까지 스타트업을 계속 운영할 수 있지만, 대부분의 경우에는 그들의 역할이 적당한 시기에 계획된 마무리를 맞이하는 편을 선호한다. 여기에서 엑시트란 다른 기업이 당신의 회사가 만들어낸 가치를 매수하는 형태일 수도 있고, 기업공개IPO나 다른 메커니즘의 형태를 띨 수도 있다. 올바른 마무리를 찾는 방법은 무궁무진하다. 3부에서는 내가 시커 헬스의 잠재적 인수자들에게 받았던 제안을 평가하면서 거쳤던 과정을 공유한다.

각 장은 내가 시커 헬스를 창업하며 겪었던 '현장 속 이야기'로 시작한다. 단지 나 한 명의 이야기일 뿐이지만, 내가 겪었던 과정, 내 생각과 느낌을 공유함으로써 나의 이야기가 당신의 경험을 비춰주는 거울의 역할을 하거나, 당신이 나와 다른 선택을 할 수 있는 기회가 되길 바라는 마음이다.

다음으로 사고방식의 전환이 가능하도록 설계된 '가르침'을 수록했다. 이 부분은 내가 직접 경험한 사건을 기반으로 하므로 당신의 경험과 다를 것이다. 가르침을 뒷받침하기 위해 증거를 기반으로 한 연구를 덧붙이기도 했다.

또, 앞서 제안된 사고방식의 전환을 시각화하고 내면화하는 데 도움을 줄 '명상 가이드'를 각 장에 포함했다. 이 부분을 읽을 때는 명상 지도자가 차분한 목소리로 소리 내어 읽어 준다고 상상하면 좋다. 그리고 당신과 같은 바쁜 창조자들을 위해 각 장을 '한눈에 보기'로 마무리 지었다.

기밀 유지와 특정 기업 및 개인의 정보 보호를 위해 일부 명칭과 식별 가능한 특징을 조금씩 수정했다.

사건이 벌어진 시간적 순서대로 이야기를 서술했으므로, 차례대로 읽으면 좋다. 아니면 당신이 원하는 순서대로 아무 장이나 골라서 읽어도 괜찮다. 그 장이 다른 장과 비교해서 현재 당신의 주의를 끄는 이유가 무엇일지에 유념하라. 현재 순간에 당신이 무엇에 끌리고 거부감을 느끼는지 인지하는 데서 지혜를 발견할 수 있을 것이다.

마지막으로, 내가 중요하다고 생각하는 두 가지를 이야기하겠다.

첫째, 내가 살면서 어떤 특권을 누려왔는지 짚고 넘어가고 싶다. 나는 백인이다. 학교 안팎에서 훌륭한 교육을 받을 기회가 주어졌다. 성인이 된 이래로 백수였던 적이 없다. 자발적으로 단식을 한 경우 말고는 진짜 굶주려 본 적이 없다. 내 머리 위에는 언제나 지붕이 있었다.

남편 필은 일하고 있었고, 시커 헬스를 시작할 때 내 은행 계좌에는 돈이 있었다.

둘째, 겸손한 마음을 내비치고 싶다. 이 이야기는 오늘날의 사업가들에게 필요한 새로운 사고방식에 대한 나의 견해다. 공유할 가치가 있을 만큼 기존 공식과 차이가 난다. 그렇지만 나도 모든 것을 알지는 못한다. 나도 아직 배우는 중이다.

자, 이제 난 준비가 됐다. 당신도 준비가 됐는가?

이 스타트업을 시작해 보자.

1부

스타트
(Start)

1장
초보자의 사고방식을 가져라

모르는 것에 대해 두려워하지 말아라.
그것은 당신의 가장 큰 강점이 되어
당신이 남들과 다른 방식으로
일을 풀어나갈 수 있게 해줄 것이다

- 사라 블레이크리Sara Blakely,
스팽스Spanx 창업자 겸 CEO

현장 속으로

"언제부터 아프기 시작했나요?" 의사가 물었다. 시작이 항상 선명하게 기억나지는 않으므로, 뭐라고 대답할지 고민했다. 목소리가 안 나올 때부터였나? 18A 석에 앉았던 남자가 내 쪽으로 재채기를 했을 때, 아니면 비행기에 탔을 때부터 그랬나? 비행기에 타기 전부터 목구멍이 따끔거렸던가?

내가 처음으로 창업하려는 마음을 품게 된 때를 콕 집어 말하는 것도 이와 같이 곤란하다. 내가 바이오마린BioMarin 직원이었을 때 희귀병 치료제가 필요한 임상시험에 참가할 환자를 어떻게 찾을지 고민하며 뜬눈으로 밤을 지새울 때였나? 1990년대 후반에 엔젤 투자자로 가득 찬 회의실에서 스페인어권 시장 사업 아이디어를 발표하고 풋내기 같다는 소리를 들었을 때였을까? 내가 아직 영어를 구사할 수 없던 어린 시절, 우루과이의 작은 철물점에서 아버지 일을 도울 때, 고작 3미터짜리 전선을 사러 온 고객일지라도 기분 좋게 하는 방법을 아버지가 가르쳐줬을 때? 어쩌면 시간을 더 거슬러 올라가 여섯 살이었던 나에게 선생님이 장래희망이 뭐냐고 물었던 때였을지도 모르겠다. 당시 "창업자나 리더, 임원이 되고 싶습니다." 같이 지적인 단어를 이용한 문장을 만들 줄 몰랐던 나는 이렇게 대답했다. "저는 커서 남들에게 할 일을 알려주는 사람이 되고 싶어요."

시커 헬스Seeker Health라는 아이디어의 씨앗이 싹을 틔운 건 2015년 11월 무렵이었다. 당시 나는 바이오테크 스타트업 노라 테라퓨틱스Nora Therapeutics에서 전략 마케팅 및 상품 기획팀의 임원으로 근무하며 새로운 반복 유산 치료제의 출시를 준비하고 있었다.

치료제는 임상 시험 단계에 놓여 있었다. 임상 시험이란, 치료제가 미국 식품의약처FDA와 같은 규제 기관의 승인을 받는 데 필요한 임상 데이터를 생산하기 위해 철저히 통제된 환경에서 사람을 대상으로 진행하는 연구 실험이다. 노라 테라퓨틱스 팀은 최대한 빨리 참가자를 모집하기 위해 노력했다. 시험 운영 기간이 한 달씩 연장될 때마다 막대한 비용이 지출됐다. 노라 테라퓨틱스는 벤처 기업 다섯 곳에서 자금을 조달 받았지만, 내가 입사했을 시기에는 이미 은행에 있는 돈을 거의 다 소진한 탓에 자금이 바닥나기까지 일 년도 채 남지 않았었다. 임상 시험 센터가 시험에 필요한 참가자 정원을 채우기 위해 고투할 때 나는 반복 유산을 하는 여성들이 온라인, 특히 페이스북에 많다는 사실을 직관적으로 알아챘다.

유산은 어려운 경험이다. 나도 2006년에 유산을 했었는데, 이 사건을 통해 유산이 어떤 지독한 상처를 남기는지 배웠다. 대부분의 유산은 결함 있는 배아를 신체에서 거부하는 자연조 선택 과정일 뿐이다. 하지만 유산을 겪은 여성들은 종종 죄책감, 우울감, 외로움에 시달리며 침묵한다. 그들은 유산을 주제로 가족이나 가까운 친구와 이야기하기를 꺼린다. 부모님이 가문을 이을 자손이 영영 태어나지 않을 수도 있다는 말을 듣고 절망하면 어떡하지? 절친한 친구가 유산에 '전염성'이 있다고 생각한다면? 그래서 이 여성들은 자신에게 지지와 공감을 보내주고 정보를 제공해 줄 제삼자를 페이스북 그룹이나 커뮤니티 페이지에서 찾는다.

나는 이 특수한 대상에 대한 개인적인 이해를 기반으로 임상 운영팀의 임원과 함께 인식 개선 캠페인을 구상하기 시작했다. 페이스북 캠페인을 최적화하고 개인 환자의 정보를 안전하게 처리할 온라인 사전검사 도구를 만드는 등의 전략을 기획했는데, 그때 당시에는 이런 전략을 실행하는 데 도움을 줄 만한 서비스 제공자를 찾을 수 없었다. 나는 결국 이 프로젝트의 조각들을 직접 끼워 맞추기 시작했고, 캠페인이 한창 진행 중이었을 때 참가 후보로 지원한 여성은 매달 90명에 이르렀다. 노라 테라퓨틱스에서 추가로 구해야 할 참가자 수는 150명이었기 때문에 우리는 불과 몇 개월 만에 연구 등록에 성공했다.

노라 테라퓨틱스 팀, 벤처 캐피털, 사외이사들과 함께 이사회에 참석하여 기업 현황을 살펴봤던 날을 기억한다. 우리가 시험 등록 진행 상황을 공유하자, 벤처 캐피털 이사 한 명이 이렇게 말했다. "정말 잘 됐네요. 우리 이러다가 디지털 마케팅 회사로 업종을 바꿔야 할 수도 있겠는데요?" 사람들은 이 말을 웃어넘겼다. 반면 나는 이 칭찬을 한동안 곱씹으며 이번에 우리가 군데군데 꿰맞추었던 방식 대신 처음부터 끝까지 환자 구인을 책임져 주는 통합 플랫폼이 탄생하면 어떨까 상상해 보았다. 이런 종합적 서비스가 노라 테라퓨틱스와 같은 회사에 가져다줄 수 있는 혜택이 엄청날 텐데 말이다. 시험 등록이 끝났으니 이제 데이터를 기다릴 차례였다.

이즈음, 나를 조건 없이 사랑해 주던 아버지가 세상을 떠났다. 아버지는 십 년간 여러 병세와 싸워오면서, 건강했던 해마저도 몇 주간 병원에 머무르며 집중 치료를 받다가 증세가 호전되면 몇 개월간 퇴원하는 비정상적인 생활 패턴으로 살았다. 그가 중환자실에 마지막으로 입원했을 때에는 건강을 회복하지 못했다. 나는 아버지의 죽음을 비통해하다가 문득 아버지가 미국에서 창업의 꿈을 실현하지 못한 채 건강을 잃었다는 사실을 깨달았다. 이민자였던 부모님은 고용주 밑에서 일했고 안정적인 일을 선호했다. 아버지가 이루지 못한 창업의 꿈은 나를 계속 괴롭혔다. 마치 "샌드라, 우리 꿈을 네가 대신 이뤄주지 않겠니?"라고 말하는 아버지의 목소리가 들리는 것 같았다.

몇 개월 뒤 임상 시험과 데이터 분석이 끝났고, 노라 테라퓨틱스는 치료제 개발을 중단하기로 했다.

실직자가 된 나는 멋진 창업 아이디어를 구상하기 시작했다.

2015년 11월 3일, 채용 담당자에게 이메일을 보내거나 이력서를 손보는 대신 인터넷 브라우저로 온라인 법률플랫폼 리갈줌닷컴Legalzoom.com에 접속해서 '사업체 등록'으로 들어간 다음, '유한 책임 회사LC'를 클릭했다. 그리고 '시커 헬스Seeker Health'라는 단어를 입력했다.

회사명은 어디에서 유래했냐고? 이즈음 나는 매일 밤 잠자리에 드는 딸에게 해리포터 책을 읽어주곤 했는데 해리가 마법사 스포츠 퀴디치의 주요 포지션인 수색꾼 (영문 명칭은 '시커Seeker'다. – 옮긴이)으로 선택받는 부분에 도달했다. 수색꾼의 목표는 골든 스니치를 잡는 것이다. 수색꾼이 스니치를 잡아야 경기가 종료되므로 수색꾼은 퀴디치에서 핵심적인 역할을 한다.

희귀병 임상 시험과 퀴디치에는 신기한 공통점이 있다. 내가 창업을 하려던 회사는 수색꾼의 역할을 하고, 회사가 수색해야 할 소중한 골든 스니치는 희귀병 환자들이다. 그리고 수색꾼이 시험에 참여할 환자들을 등록할 때까지 임상 시험은 끝나지 않고, 데이터는 수집되지 않으며, 치료제는 규제 승인 신청을 할 수 없다.

내가 해리포터의 열혈팬이어서 이 이름에 꽂힌 것도 있지만 '수색꾼'이라는 단어는 나를 설명하는 단어기도 하다. 난 언제나 지식, 지혜, 자유, 목적, 영향력, 그리고 이 모든 것을 향한 길을 찾고 있다.

다음으로 나는 목표를 설정했다.

- 기술을 이용해 중요한 치료제의 개발을 촉진하는 회사를 창업하자.
- 회사를 창업하는 방법을 배우자.
- 환자들과 우리 가족을 위해 내 안에 잠재된 사업가를 발굴하자.

유한 책임 회사 서류를 등록하고 내 목표를 설정한 다음, 회사에서 어떤 서비스를 제공할지 정의하고, 웹사이트를 개설하고, 동료로 일할 사람들을 새로 구했다. 로고를 디자인하기 위해 내가 아는 가장 꼼꼼하고 저렴한 그래픽 디자이너, 당시 열두 살이었던 내 아들을 고용했다. 아들에게 작업비로 30달러를 지불했고, 이때 아들이 만든 시커 헬스의 로고는 지금도 사용되고 있다.

우리 회사는 처음부터 소셜 미디어에서 집행되는 임상 시험의 디지털 광고 캠페인을 개발하는 데 집중했다. 막대한 자본 투자 없이 할 수 있는 일이었고, 우리가 제공하는 서비스를 시도해 보고자 하는 고객 몇 명은 찾을 수 있을 거라고 확신했다. 페이스북 광고에 대해 배우기 위해 내가 아는 가장 능력 있는 퍼포먼스 디지털 마케터인 남편 필에게 조언을 구했다. 필은 소셜 광고와 데이터 분석을 기반으로 하는 모바일 게임 사용자 모집 에이전시를 운영하고 있었다. 그는 나에게 소셜 미디어 마케팅을 가르쳐 줄 적임자였다.

그 당시 나에게는 바이오테크 산업에서 수십 년간 일한 경력이 있었지만, 시커 헬스를 창업하는 일은 모든 방면에서 새로웠다. 초보로 돌아간 느낌이었다. 이때까지 나는 단 한 번도 회사를 세우거나, 소프트웨어 제품을 개발하거나, 특허를 신청해 본 적이 없었다. 팀원 전체를 고용해 본 적은 물론, 각 팀원에게 결정을 내려주고, 동기를 부여해주고, 업무 문화를 조성해 주는 사람이 되어 본 적도 없었다. 바이오테크 상업화와 의약품 개발 분야에서 전문가가 되어가고 있다고 느낀 수십 년을 뒤로하고 이제 다시⋯ 초보자가 된 걸까-!?

날마다 내가 창업한 스타트업에 초보자로 출근했다. 나는 금세 이 초보자의 사고방식이 나와 시커 헬스를 앞으로 나아가게 만드는 원동력이라는 사실을 깨달았다. 초보자로서 경험 부족의 문제를 저울질하기보다 이 낯섦을 인정하고 이 상태에서 우러나오는 호기심, 겸손함, 침착함을 적극 활용했다.

돌이켜보니 그때 더 많은 것을 알고 있었다면 시커 헬스를 창업하지 못했을 것이다. 더 많은 것을 알고 있었다면 돌아설 시간이 아직 남았을 때 나중에 발생할 문제를 미리 알아챘을 것이다. 더 많은 것을 알고 있었다면 이 시장의 경쟁이 얼마나 치열해질지 예측하고 돌아섰을 것이다. 그리고 창업을 포기하는 엄청난 실수를 저질렀을 것이다.

일단 창업을 하고 나니까 사업이 스스로 나아갈 길을 밝혀줬다.

가르침: 초보자의 사고방식을 길러라

초보자의 사고방식이란 마주하는 모든 상황에 이 일을 처음 하는 사람의 호기심, 겸손함, 침착함을 가지고 임하는 것이다.

초보자의 사고방식이 무언가를 시작하고 구축할 때 생산적인 이유는 무엇일까?

- **초보자는 호기심이 많다.** 알버트 아인슈타인Albert Einstein은 "나에게는 특별한 재능이 없다. 열정적인 호기심만이 있을 뿐이다."라고 말했다. 초보자는 알고 배우고자 하는 강력한 욕구를 불편해하지 않는다.
- **초보자는 겸손하다.** 초보자는 자만심의 망상에 휘말리지 않는다. 초보자는 필요한 공손함과 존중감을 가지고 일에 접근한다.
- **초보자는 침착하다.** 초보자는 일정이 지연되거나 힘든 일을 맞닥뜨려도 과하게 화내지 않고 상황을 수용할 능력이 있다. 이 수용력은 회사를 창업하거나, 새로운 관계를 맺거나, 견고한 무언가를 만들려고 시도할 때 매우 중요한 역할을 한다.
- **초보자는 일시적인 실패로부터 배운다.** 실패는 가장 효과적인 학습 도구다. 자, 당신이 실패했다. 이제 당신은 안 되는 것이 무엇인지 알고 될 가능성이 있는 일에 집중할 수 있다.
- **초보자는 기대로부터 자유롭다.** 전문가는 자기 자신과 남들의 기대에 부응하려는 압박에 크게 시달린다. 하지만 우리 같은 초보자는

자유롭다! 우리는 마음껏 만들고, 실패하고, 다시 한번 시도하고, 옆길로 샜다가, 성공한다.
- **초보자는 도움을 청한다.** 도움을 청함으로써 당신이 이미 안다고 '생각하는' 것에만 의존했을 때보다 더 다양한 생각을 불러들일 수 있다.
- **초보자는 내면의 비판자에게 대응할 수 있다.** 우리 모두의 내면에는 우리의 부족함을 지적하는 목소리가 산다. 마치 머릿속에 불량배가 눌러앉은 것처럼 느껴질 수 있다. 초보자는 당당하게 '나는 이제 막 시작해서 아무것도 모르는걸'이라고 외치면서 그 불량배를 쫓아낼 수 있다.

미시건 대학의 감정과 자기절제 연구소University of Michigan's Emotion and Self Control Lab의 이선 크로스Ethan Kross와 그의 동료 캘리포니아 버클리 대학University of California, Berkeley의 오즈렘 에이덕Ozlem Ayduk은 이렇게 말했다. "가장 좋은 중재 방법은 고충을 멀리 떨어져서 바라보는 것이다…. 마치 당신이 다른 사람이 된 것처럼 말이다."[1]

---

[1] 제나 핀콧Jena E Pincott, "내면의 비평가 침묵 시키기Silencing Your Inner Critic," 심리학 투데이 (블로그), 2019년 3월 4일

간단한 연습: 내면의 비평가에게 편지를 써라.

머릿속에 사는 불량배를 불러내라. 그가 쏟아내는 악평을 모두 들어줘라. 그러고 나서 다음과 같은 간단한 편지를 써라.

내면의 비평가에게,

네가 한 말 다 들었어. (당신의 이름을 넣어라)는 (부정적인 혼잣말 X, Y, Z를 넣어라)하고, 절대 (목표와 꿈 A, B, C를 넣어라)를 할 수 없을 거라고 했지.

(당신의 이름을 넣어라)는 이 새로운 벤처 창업에 뛰어들고 싶어 하는데, 네가 그를 일단 믿어준다면 정말 좋아할 거야. 너도 알다시피, 이 일을 시작한 지 얼마 안 됐잖아? (당신의 이름을 넣어라)는 이 일을 진심으로 하고 싶어 하고, 스스로 해낼 방법을 찾아낼 거라고 믿고 있어.

만약 (당신의 이름을 넣어라)를 믿어줄 수 없다면 X, Y, Z 나 A, B, C, 또는 (당신의 이름을 넣어라)에 대해서 하고 싶은 말이 생기더라도 그냥 조용히 있어.

그냥 입 다물고 있으면 돼. 12개월 뒤에 어떻게 됐는지 알려줄게.

고마워.

이제 됐다. 1년 동안 조용하게 지낼 수 있을 것이다.

몇 가지 상황과 그에 대한 해결책을 살펴보면서 이 장의 내용을 정리해보자.

상황	해결책
시작하기 전에 경험이 더 필요하다는 생각이 든다.	일단 시작하고 계속 나아가는 것이 가장 적합한 경험이라는 것을 이해하자.
실패가 부끄럽다고 생각한다.	실패를 배우고, 다시 일어나고, 앞으로 계속 나아갈 기회로 머릿속에서 재구성하자.
과거에 쌓은 전문성과 성과에 대해 인정받고 싶다.	과거의 경험과 성과가 스타트업에 가져다 쓸 중요한 원자재 중 하나라는 사실을 인지하자.
당신의 능력이 부족하다고 말하는 목소리가 머릿속에서 들린다.	이 목소리에게 이렇게 말해주자. "나는 이제 막 시작했어. 1년 뒤에 다시 연락하면 내가 이 일을 할 수 있는 사람이었다는 걸 보여줄게."

라이너 마리아 릴케Rainer Maria Rilke의 시와 함께 이 장을 마무리 짓자.

당신의 마음속에 풀리지 않은 모든 것에 대해 인내심을 가지고
그 물음 자체를⋯
낯선 언어로 쓰인 책처럼 사랑하려고 노력하십시오.
정답을 찾으려 해서는 안 됩니다.
정답대로 살 수 없으므로,
당신에게 정답은 주어지지 않을 것입니다.
중요한 건 모든 순간을 사는 것입니다.
지금 물음을 사십시오.

항상 시작하는 사람,

초보자가 되겠다고 다짐하십시오.

일단 시작하라.

내부 혹은 외부에서 무슨 일이 일어나길 기다리지 말아라. 바로 지금이 시작할 때다. 당신의 스타트업이 길을 안내해 줄 것이라고 믿어라.

명상 가이드: 첫 시도

숨을 깊이 들이쉽니다. 몸 밖의 활동에 소모했던 에너지를 다시 안으로 불러들입니다. 숨을 한 번 더 들이쉬고, 지금 이 순간에 온전히 존재하고 중심이 잡혔다는 느낌이 들면, 아래 내용을 읽기 시작하세요.

처음 자전거 타는 방법을 배웠던 순간을 떠올려봅니다. 아마 당신이 여섯 살이나 일곱 살쯤 되었을 때였을 겁니다. 부모나 당신을 사랑하는 어른이 이 자전거를 선물해 줬고, 당신은 양 볼에 스치는 바람을 느끼며 자전거를 타고 멀리 떠날 생각에 신이 났습니다. 자전거 타는 방법을 터득하기만 하면 갈 수 있을 모든 곳에 대해 상상했습니다. 당신은 초보자였습니다. 처음 해보는 일이지만, 아주 신이 났습니다. 당신은 겸손했습니다… 가식은 없었습니다. 당신은 자전거를 타려면 다른 사람의 도움이 필요하다는 사실을 알았기 때문에, 당신의 뒤에는 분명 어른이나 나이 많은 형제자매가 자전거 안장을 잡고 있었을 겁니다.

초보자의 에너지를 느껴보세요(아래 내용을 하나씩 읽고 잠깐 멈춰서 시각화를 해보세요).

- 신나는 마음
- 성공을 향한 길 위에서의 일시적인 실패를 수용할 마음
- 우리가 떨어지지 않도록 뒤에서 안장을 잡아주고 있는 사람에게 느끼는 고마움
- 넘어져도 다시 일어나는 침착함
- 위와 같은 초보자의 사고방식이 가져다줄 보상

이 초보자의 사고방식을 내재화하면서 숨을 몇 번 더 들이쉬고, 당신의 인생에서 이 사고방식을 통해 도움을 받을 수 있는 분야가 무엇일지 생각해 봅니다. 당신의 스타트업, 직업, 관계, 스포츠, 취미, 또는 마음 챙김일 수도 있습니다. 초보자가 되지 않을 이유가 있을까요? 당신이 열정을 품거나 노력하는 일 중에 초보자로 접근했을 때 앞으로 나아갈 수 있는 것은 무엇일까요?

큰 숨 한 번으로 명상을 마무리합니다.

●● 한눈에 보기

- 초보자가 되는 것은 결점이 아니라 특별한 장점으로 작용한다.
- 초보자는 일시적인 실패가 굳건한 성공의 일부라는 사실을 이해한다.
- 초보자는 기대로부터 자유롭다. 전문가는 자기 자신과 남들의 기대에 부응하려는 압박에 크게 시달린다. 하지만 우리 같은 초보자는 자유롭다! 우리는 마음껏 만들고, 실패하고, 다시 한번 시도하고, 옆길로 샜다가, 성공한다.
- 내면의 비평가가 시비를 걸면, 당신이 배우는 중이라는 사실을 상기시켜라.
- 당신이 그동안 일해온 산업에서 경험이 많다고 하더라도 새로운 관점을 보기 위해 지금 하는 일을 색다른 시선으로 바라보려고 노력하라.
- 미루지 말아라. 추가적인 기술이나 영감을 얻을 때까지 기다리지 말아라. 지금 당장 시작하라.

2장
몰입하라

건강한 삶을 즐기기 위해,
가족의 진정한 행복을 위해,
모두의 평화를 위해,
개인이 가장 먼저 할 일은
스스로의 사고를 단련하고 통제하는 것이다.

— 불교전도협회

현장 속으로

스타트업 모험을 시작한 지 2주 되었을 때 나는 창업 소식을 링크드인 LinkedIn에 게시했다. "바이오테크 기업의 임상 시험에 참여할 희귀병 환자 구인에 도움을 주기 위해 시커 헬스를 창업했습니다. 환자 없이는 아무 일도 일어나지 않습니다. 저희가 환자를 찾아드리겠습니다."

동료였던 존이 내가 올린 글을 보고 연락을 해왔다. 존은 얼마 전부터 희귀 유전자 변형에 의한 고형 종양 환자 대상 치료제를 개발하는 회사에서 일하게 됐다고 했다. 이 회사는 임상 시험 정보를 교육하는 웹사이트를 개설했고 타깃 고객의 유입량을 늘려야 했다. 해당 임상 시험은 공개 상장 주식을 가진 이 유망 바이오테크 기업의 주요 우선순위였고, 존은 소셜 미디어 광고와 같은 새로운 접근을 시도해 보고 싶어 했다.

나는 통화가 끝나기도 전에 기쁜 마음에 몸을 들썩거렸다. 존에게 제안서를 준비해서 샌디에이고로 날아가 직접 공유해 주겠다고 말했다. 나는 완전히 몰입해 한자리에서 업무 제안서를 완성했는데, 이 제안서에는 샘플 광고와 성공 여부를 가늠하는 데 사용할 측정법 목록, 일정, 예산이 포함되어 있었다.

샌디에이고에 도착한 뒤 온통 남자밖에 없는 이사회실 안의 유일한 여성으로서 임원들에게 제안서를 발표했다. 나는 이 모습이 벤처 캐피털 투자자에게 발표하는 것과 꽤 비슷할 거라고 생각했다. 다만 내 앞에 있는 사람들은 지분을 요구하지 않고 서비스 비용을 지불할 용의가 있다는 점이 달랐다.

임원들은 흥미롭고 중요한 질문을 여럿 했다. 승인은 어떻게 할 것인가? 어떻게 기존의 웹사이트와 캠페인을 통합할 것인가? 환자들이 작성한 신청서 형식의 결과를 보려면 시간이 얼마나 걸리는가? 현재 신청서에 대해 제안할 점이 있는가? 나는 즐거운 마음으로 질문에 대답했다. 임원들이 제기한 주요 우려 사항을 통해 내 고객의 프로필을 상세히 파악할 수 있었기 때문이다. 다음번 발표 때는 이 질문들에 대한 대답을 미리 확실하게 준비해 놓을 것이다.

며칠 뒤 첫 고객과 계약을 마쳤다. 이들은, 잘 들어라⋯ 9개월짜리 계약을 원했다! 나에게 축하할 일이 두 개나 생겼다. 첫째, 월급과 비슷한 수입원을 스스로 발굴했고, 둘째, 고객이 더 많은 문제를 해결할 수 있도록 도와줄 방법에 대해 연구하며 시커 헬스를 성장시킬 9개월의 시간이 생겼다.

곧바로 캠페인을 생성하는 업무에 착수했다. 임상 시험에서 환자가 접하는 모든 서류는 기관감사위원회IRB의 승인을 받아야 했고, 답변을 듣기까지 수주가 소요될 것을 알았던 나는 고객에게 제출용 자료집을 보냈다.

그 다음주 목요일에 어머니가 나를 만나기 위해 뉴욕에서 비행기를 타고 왔다. 우리는 내가 세상에서 가장 좋아하는 치유 센터 중 하나인 에솔렌 인스티튜트Esalen Institute의 주말 워크숍에 참여하기로 했다. 아버지가 7월에 세상을 떠났기 때문에 이 워크숍은 과부가 된 어머니의 고통을 덜어주기 위한 특별한 방문이었다. 몇 년 전 나는 괴로워하며 에솔렌 인스티튜트에 왔지만, 빅서Big Sur 지역의 태평양 위에 걸터앉은 장엄한 절벽을 내다보면서 마음이 맑아지고 평화로워지는 경험을 할 수 있었다. 살다 보면 우리는 아슬아슬한 절벽 끝과 같이 느껴지는 막다른 곳에 도달하기도 하지만, 그 절벽에서 완전히 떨어지고 나면 지금 이 순간에 더 이상 필요하지 않는 것을 전부 씻어내는 평화의 바다를 마주할 수 있다. 아버지를 잃은 슬픔으로 고통스러운 시기에 나는 어머니가 이 경험을 하길 바랐다.

에솔렌에서 와이파이는 식사시간일 때만 허용된다. 당시에 나는 신규 (그리고 유일한) 고객으로부터 답장을 기다리고 있었기 때문에 이메일을 확인하려고 핸드폰에 인터넷을 연결했다. 괜히 연결했다는 생각이 들기도 했다. 이메일에는 안 좋은 소식이 담겨 있었다.

기관감사위원회에서 내가 제출한 서류의 승인을 거부했다.

아주 완벽하네. 슬픈 어머니, 단 하나의 고객, 거부당한 서류, 여기에다가 통신까지 끊긴 상황.

"답장을 보내렴." 어머니가 말했다. "워크숍에는 나 혼자 갔다 올 테니까 끝나고 만나자."

나는 추가 정보를 요청하고 계획을 논의해 보자는 이메일을 보냈다. 존이 빠르게 답장을 보내줬다. 기관감사위원회가 승인을 거부한 사유는 우리가 어떻게 소셜 미디어 캠페인을 통제하고, 사용자가 생성한 콘텐츠를 모니터하고 삭제할지에 대한 정보가 부족했기 때문이라고 했다.

존의 답장은 내게 충분한 방향성을 제시했다. 나는 그 덕분에 내 인생에서 가장 생산적인 몰입의 순간을 경험할 수 있었다. 방이 사라졌고, 사람들이 사라졌고, 바다가 사라졌다. 나와 노트북만 남았다.

워드 문서를 열어서 '소셜 미디어 통제 절차'라는 제목을 붙였다. 제한된 인터넷 환경에서 페이스북 페이지와 광고에 사용자가 생성한 콘텐츠를 최소화하거나 제거할 방법을 찾기 위해 설정 옵션을 연구했다. 글자를 입력하고, 수정하고, 더 맹렬히 키보드를 두드리고, 다시 수정했다.

어머니가 저녁 워크숍에서 돌아와서 이렇게 말했다. "샌드라, 걱정하지 말고 일하렴. 어떤 상황인지 나도 잘 알아." 맞는 말이었다. 어머니는 성인기 내내 재정 자문가로 일하면서 나에게 최고의 워킹맘 롤모델이 되어줬다.

"엄마, 해결책을 찾아낸 것 같아요. 고객에게 가능성 있는 해결책을 보내줬어요." 내가 말했다.

존이 "이 방법대로 하면 될 것 같아요. 빨리 해결책을 제시해 주셔서 감사해요."라고 보낸 이메일을 읽어보기도 전에 어머니는 이렇게 말했다. "난 늘 네가 해결책을 찾을 수 있을 거라고 믿었어." 나는 마음을 돌보고, 의식하고, 자각하고, 감사하고, 이메일을 확인하지 않는 '에솔렌 모드'로 다음 이틀을 보냈다.

기관감사위원회가 수정된 캠페인을 승인해 줬고, 폭발적으로 몰입했던 순간에 탄생한 소셜 미디어 통제 절차는 오늘날까지도 우리 회사의 모든 제출용 서류에 활용된다. 그리고 이 고객은 시커 헬스와 2년 넘게 계약 관계를 유지했다.

가르침: 몰입하라

당신에게 산소가 필요하듯이, 당신의 창조물에는 당신의 관심이 필요하다. 이 헌신적인 관심은 회사같이 당신이 생산해 내고자 하는 창조적이고 가치 있는 것을 만드는 데 기본적으로 필요한 재료다. 나는 이런 관심을 몰입의 순간이라고 부른다.

몰입은 당신의 스타트업에 중요한 단 하나의 과제에 방해받지 않고 집중하는 능력이다. 이때 당신은 두뇌, 신체, 그리고 영혼을 총동원하여 하나의 목표에 몰두한다.

작가 칼 뉴포트Cal Newport는 이 상태를 '딥워크deep work'라고 칭한다. 다른 전문가들은 이런 종류의 몰입을 많은 사람이 도달하고자 하는 '플로우flow'로 진입하는 통로라고 일컫는다. '플로우'에 들어간 사람들은 깊은 만족감과 창의력을 경험하고, 손에 쥐고 있는 일과 삶 자체에 오롯이 열중한다.

나는 이런 정신 상태를 더 극단적인 구절로 설명하고 싶다. 몰입의 순간에는 인생에서 가장 원하는 무언가 (어린 시절 좋아했던 연예인, 1억 달러가 담긴 봉투)가 당신 주변에 나타나더라도 보이지 않을 것이다. 나는 당신이 사업의 주요 기반을 세울 때 이런 집중력을 발휘하길 바란다.

스타트업을 창업할 때 이런 종류의 관심을 쏟으면 아래의 혜택을 누릴 수 있다.

- 스타트업에 무엇이 중요한지에 대한 우선순위를 세울 수 있다.
- 삶에서 몰입할 만한 가치가 있는 것이 무엇인지 확실해진다.
- 주의를 산만하게 하는 것에 대한 보호막 겸 방패가 생긴다.
- 스타트업에 애정이 생긴다. 몰입의 순간에 당신은 전부 당신의 스

타트업의 것이다.

한 번 혹은 여러 번의 몰입은 다음과 같은 업무를 처리하는 데 큰 도움이 된다.

- 발표 자료 (고객, 파트너, 또는 투자자에게 사업을 설명할 때 사용되는 슬라이드) 만들기
- 제품 또는 서비스 디자인하기
- 소프트웨어 개발하기
- 서비스 또는 제품의 주요 기능 정의하기
- 사용자 실험 데이터 검토하기
- 주요 인력 채용을 위한 이력서 검토하기
- 사용 설명서 작성하기
- 특허 신청서 작성하기
- 영업용 발표 자료 만들기
- 고객 수요와 불만 조사하기
- 고객 리드^{lead}(신규 고객을 모집할 영업기회를 뜻한다. – 옮긴이)와 고객 관계 조사하기
- 고객 피드백 요청하기
- 제안서 서식 만들기
- 잠재 고객을 위한 제안서 만들기
- 인수합병을 위한 실사 데이터 룸$^{due\ diligence\ data\ room}$(인수합병 절차 진

행 시 필요한 중요 데이터를 보관하는 공간이다. - 옮긴이) 구축하기

몰입의 반대는 산만함이다. 우리는 모두 산만함을 경험하지만, 스스로 완전히 산만해졌다는 사실을 항상 인정하지는 않는다.

공감이 갈 만한 예시 몇 가지를 살펴보자. 일상 속 산만함은 이런 모습이다.

- 투자자 유치를 위한 발표 자료를 작성하면서 신규 고객 청구 절차에 대한 원격회의를 청취하고 이메일을 5분 간격으로 확인하는 직원이 있다. 이 직원이 훌륭한 발표 자료를 만들 수 있을까? 아니다.
- 서로의 일상과 인생에 관한 이야기를 나누며 시간을 보내기로 한 부부가 첫 알림음이 울리자마자 각자의 핸드폰에 얼굴을 파묻는다. 이렇게 시간을 함께 보내고 난 부부가 서로 교감을 나누었다고 느낄까? 아니다.
- 애써 집에 일찍 돌아와서 밥과 관심에 굶주린 아이들을 뒤로하고 두 시간 동안 노트북만 두드리며 일하는 부모가 있다. 아이들은 이 두 시간 동안 보살핌을 받았다고 느낄까? 아니다.

당신은 배고픔이나 피로, 그리고 가장 성가신 흥미 부족과 자기 불신과 같은 내적 방해 요소보다 기기, 사람, 소음 등의 외적 방해 요소를 더 잘 인지하고 있을 것이다.

우리의 산만함 중 일부는 완전히 정상적이다. 『하이퍼포커스』에서

크리스 베일리Chris Bailey는 "산만해지려는 충동은 두뇌에 내장된 신규 편향성Novelty Bias으로 인해 더 심해진다."라고 했다. 우리는 기본적으로 새로운 것에 매료되어 반복해서 새것에 관심을 쏟게 설계되었다.

하지만 스타트업에는 당신의 집중력이 필요하므로 이런 산만함을 하나씩 깨부수자. 방해 요소를 하나씩 부르면 그들의 영향력이 점점 줄어든다. 지금 바로 시작해 보자.

우리를 산만하게 하는 것들

방해 요소 1:
머릿속을 떠다니는 내적 방해물

해결책:
방해 요소를 인지하고, 머릿속에서 옮겨라. 이렇게 외쳐보자. "일을 마무리해야 한다."

- **두려움**: 당신은 실패를 두려워한다. 성공도 두려워한다. 하지만 일이 마무리될 때까지 어떤 결과가 나올지 알 수 없다.
- **흥미 부족**: 무슨 느낌인지 안다. 당신은 매일 슬라이드나 만들려고 창업하지 않았고, 이제는 파워포인트만 보면 질색한다. 당신에게는 이 일을 담당할 직원이 필요하다. 그럼 주변을 돌아보아라. 그렇다.

주변에 이 일을 해줄 다른 사람이 없으니 당신이 해야 한다.
- **자기 불신**: 당신이 이 일을 마무리할 수 있을지, 아니 일부라도 해낼 수 있을지 자신이 없다. 그렇다면 왜 안정적인 월급을 주는 회사에 그냥 남지 않고 문을 박차고 나왔는가? 그렇다. 세상을 변화 시키는 가치 있고 특별한 무언가를 만들고 싶었기 때문이다. 이 목표의식을 스스로 상기시켜라.
- **완벽주의**: 완벽하지 않을 결과물을 만들 거라면 애초에 왜 시작하냐고? 경쟁자들도 완벽하지 않다. 일부는 보내주기로 약속했던 제안서조차 보내지 않는다. 링크드인 창업자 리드 호프만Reid Hoffman은 이렇게 말했다. "출시한 제품의 첫 번째 버전이 부끄럽지 않다면, 제품을 너무 늦게 출시한 것이다." 그러니 어서 '완벽하지 않은' 일을 해라.

방해 요소 2:
외적 방해물

해결책:
모두 차단하라.

- **이메일**: 꺼라. 필요하다면 당신이 이메일을 나중에, 예를 들어 오후 세 시에 확인할 예정이라는 부재중 메일을 활용하라. 발신자가 연락할 수 있는 별도의 연락처를 남겨라.

- **메시지를 주고받을 수 있는 기기, 소셜 플랫폼, 스마트 워치**: 전부 꺼라.
- **시끄러운 환경**: 도서관이나 개인 사무실과 같이 당신이 일하는 데 도움이 될 조용한 장소를 골라라.
- **무언가를 필요로 하는 사람들**: 잠시 차단하라. 당신이 몇 시간 동안 중요한 일을 하며 바쁠 예정임을 그들에게 알려라.
- **와이파이**: 꺼라. 몰입해 창조하는 단계에는 무슨 일이 생겨도 '이거 구글에 검색해 보자'라는 생각을 하지 않으려고 노력하라. 만약 프로젝트에 반드시 외부 조사가 필요하다면, 조사할 것을 포스트잇에 적어서 화면 한가운데에 붙여놓는 방법으로 이 잠재적인 방해 요소를 정복하라. 이렇게 하면 귀여운 강아지 사진을 찾아보며 딴짓을 하게 되더라도 다시 집중 모드로 돌아갈 수 있다.

방해 요소 3:
신체와 관련한 내적 방해물

해결책:
먹고, 마시고, 비워라.

- **배고픔**: 몰입을 시작하기 전에 가벼운 식사를 해라.
- **목마름**: 음료를 준비하되, 일을 어느 정도 하고 난 다음에 마시기 시작해라.
- **화장실**: 몰입을 시작하기 전에 무조건 화장실에 다녀와라.

방해 요소를 처리하는 방법

인지하고 생각 바꾸기	끄거나 차단하기	미리 처리하기
• 두렵다. • 흥미가 없다. • 못 할 것 같다. • 완벽하지 않다면 안 하는 편이 나을 것 같다.	• 이메일 • 메시징 플랫폼 • 와치 • 시끄러운 환경 • 무언가가 필요한 사람들 • 와이파이 • 구글	• 배고픔 • 목마름 • 화장실

이제 방해 요소를 극복할 도구들을 갖추었으니, 몰입하는 연습을 해보자.

몰입 연습하기

컨테이너 만들기

당신이 만드는 컨테이너는 일종의 의식이나 루틴이어야 한다. 당신만의 '몰입의 누에고치'를 계획하고 설계하는 동안 위에서 서술한 방해 요소를 간과하지 말아라. 모든 방해물을 빠짐없이 제거하기 위해 노력하라. 핸드폰 신호음을 꺼놓고, 메시지 앱과 이메일, 웹브라우저를 종료시켜라. 화장실에 다녀와서 문을 닫고 시작하라.

하나의 목표를 세워라

목표를 세울 때 몰입의 순간에 무엇을 할지, 그것을 하는 이유는 무엇인지 머릿속에 선명하게 그려라. 『Plant Seed, Pull Weed』에서 저자 게리 라킨Geri Larkin은 "우리의 행동 하나하나가 삶을 어떻게 탈바꿈시키는지… 생각해 보면 참 멋지다."라고 말했다. 각의 행동에는 목표와 집중력이 필요하다. 예를 들어, 당신은 스스로에게 이렇게 말할 수 있다. "오늘 나는 두 시간 동안 영업용 발표 자료를 작성하는 데 몰입할 거야. 발표 자료는 더 많은 거래를 성사시키는 데 중요한 역할을 하니까." 그리고 종이 한 장을 꺼내서 아래와 같이 메모한다.

영업용 발표 슬라이드
2시간
더 많은 거래 성사

이렇게 하고 나면 이 일이 소중한 시간을 투자할 만한 가치가 있다는 사실을 인지한 채 환경을 통제하고, 작업하고 있는 일에 집중할 수 있다.

3장에서 사업에 가장 큰 영향을 미치는 행동이 무엇인지 알아내는 방법에 대해 더 자세히 다룰 예정이다.

제한 시간을 설정하라

집중할 수 있는 시간에는 한계가 있다. 당신은 휴식이나 재충전 없이 무한대로 일할 수 있는 로봇이 아니다. 몰입은 당신의 창의성, 우수성, 생산성을 극대화하기 위해 당신이 꾀한 일시적인 상태다.

제한 시간이 넘으면 몰입의 순간은 공식적으로 끝이 난다. 대부분의 경우 자리에서 일어나서 돌아다니고, 눈과 머리를 업무 밖의 무언가에 집중시킬 준비가 되어 있을 것이다.

하지만 가끔은 당신이 너무 열중한 나머지 하던 일을 계속하고 싶을 수도 있다. 이럴 때는 스스로에게 다음 질문을 해서 자신의 상태를 확인해 보는 것을 추천한다. "이 시간에 높은 수준의 결과물을 계속 생산해 낼 수 있을까, 아니면 몸과 두뇌가 조금 휴식을 취한 뒤에 다시 시작하는 편이 나을까?"

대답에 주의를 기울여라. 지쳤을 때 일하는 것은 비생산적이며 지금까지 일구어낸 엄청난 진척을 물거품으로 만들 수도 있다.

날마다 연습하라

매일 특정 시간 동안 몰입할 분야를 골라라. 그 분야를 종이에 적고 특정 시간 동안 당신의 온전한 관심을 이곳에만 쏟아붓겠다는 미니 계약서를 작성하라. 몰입할 분야는 날마다 바뀔 수 있지만, 그 몰입의 순간에 머릿속 근육은 비슷하게 움직인다. 창조의 전제는 영감이 아니라 시간임을 기억하라. 창조하는 순간에 영감을 꼭 받을 필요는 없다. 다만 창조에 몰두할 시간을 확보해야 한다. 일단 몰입하면 마법이 일어나 어떤 아이디어가 튀어나올지 예측할 수 없으므로 당신이 할 수 있는 일은 창조할 시간을 확보하는 것뿐이다. 매일 연습하면 이 근육들이 탄탄해져서 아름다운 생산성을 갖추게 될 것이다. 그리고 머지않아 당신은 갓 창업한 스타트업이 아닌 무럭무럭 성장 중인 회사를 마주하게 될 것이다.

명상 가이드: 몰입 준비하기

눈을 감으세요. 숨을 깊이 들이쉽니다. 몸 밖의 활동에 소모했던 에너지를 다시 안으로 불러들입니다.

숨을 한 번 더 들이쉰 다음, 4초 동안 숨을 참으세요. 숨을 내쉬면서 남은 방해 요소를 모조리 내뱉습니다. 당신은 여기 지금 이 순간에 온전히 존재합니다.

이완된 상태에서 머릿속을 청소하고 당신의 관심이 필요한 영역을 찾아보세요. 소프트웨어의 신규 기능이나 책의 새로운 장면일 수도 있고, 유치하려고 하는 새로운 종류의 고객이나 아직 존재하지 않고 당신의 머릿속에만 들어 있는 예술 작품일 수도 있습니다.

다음 질문들을 곰곰이 생각해 보세요.

- 이 분야에 몰입하면 당신에게 어떤 변화가 일어날까요?
- 이 분야의 창조와 생산을 위해 오늘 한두 시간 동안 몰입하면 어떤 결과가 나타날까요?
- 어떤 결과가 나타날지 알아보기 위해 오늘 몰입 세션을 한 번 시도

해보겠다고 약속할 수 있나요? 부디 시도해 보길 바라며, 당신의 결심을 응원합니다.

깊이 집중된 숨을 한 번 더 들이마시면서 앞으로 다가올 날들을 위해 몰입하겠다는 의지를 마음속에 봉인하세요. 이제 눈을 뜨세요. 시작해 봅시다.

●● 한눈에 보기

- 당신에게 산소가 필요하듯이, 당신의 창조물에는 당신의 관심이 필요하다.
- **하나의 목표를 설정하라:** 업무에 푹 빠진 순간에 '주제'를 설정하면 급하지만 덜 중요한 일에 방해받지 않고 견고히 버티는 데 도움이 될 것이다.
- **컨테이너를 만들어라:** 최고의 집중력과 생산성을 발휘할 수 있는 공간이 있다면, 방해받지 않고 정기적으로 들어갈 수 있는 조용한 몰입의 누에고치로 만들어라.
- **시간제한을 설정하라:** 의도적인 휴식을 취하지 않으면 당신의 몸과 두뇌는 딴짓을 하거나 멍해질 방법을 찾아 자동 휴식 모드로 들어갈 것이다. 시간제한을 두면 일과 생활의 건강한 균형을 찾을 수 있을 것이다.
- **매일 연습하라:** 집중력을 개발하는 것에는 연습이 필요하다. 더 많이 연습할수록, 더 많이 집중할 수 있게 된다.

2부
빌드
(Build)

3장
일단 나아가라

길을 걷기 시작하면, 길이 나타난다.

— 루미Rumi

현장 속으로

발이 아팠다. 머리카락이 땀에 흠뻑 젖었다. 아이팟에 더 들을 노래가 없었다. 가족들이 우루과이 국기를 들고 맨하탄에 있는 34km 지점에서 기다리고 있었지만, 나는 브롱스에 있는 32km 지점에서 정말 심각한 한계에 막 다다른 참이었다. 운동량이 부족했던 성장기를 보낸 뒤, 운동을 제대로 해보겠다는 각오를 다지려고 2004년 뉴욕시 마라톤에 참가했다. 시간 기록과 상관없이 오로지 완주가 목표였다. 32km 지점을 지나 끝없어 보이는 10km가 조금 넘는 거리를 남겨둔 상태에서 포기하고 싶다는 생각이 들었다. 발을 끌며 터벅터벅 걷고 있을 때 두 가지 생각이 번개처럼 머릿속을 스쳤다.

첫째, 지금 그만두기에 너무 많은 거리를 지나왔다. 지금 그만둘 유일한 이유는 심장 마비가 오는 것뿐이었다. 둘째, 앞으로 움직이기만 하면 된다는 사실을 깨달았다. 그래, 앞으로 한 걸음, 또 한 걸음 디디면 돼. 한 발, 그리고 다른 발. 결승선까지 술술 뛰어왔다고 말하고 싶지만, 우리 모두 내가 발을 끌며 겨우 도착했다는 사실을 안다. 42.195km를 완주했을 때 해는 이미 졌고 결승선 근처 텐트에는 나처럼 뒤처진 동료들 십여 명밖에 없었지만, 나는 행복했고 변화해 있었다. 나는 내 한계를 뚫고 나왔고, 마라톤을 완주했다… 한 번에 한 걸음씩, 앞을 향해 나아갔다.

스타트업에서 하는 일은 마라톤과 매우 비슷하다. '하룻밤 사이에 이룬 성공'은 사실 수년간 힘들게 일한 것의 결과물이다. 여기에서 핵심은 설령 거북이처럼 느리게 간다고 해도, 무슨 일이 생겨도 계속 앞으로 나아갈 방법을 찾는 것이다. 시커 헬스에서 고객들의 수요가 점점 더, 더, 더 늘어갈수록 앞을 향해 나아가고 있음이 분명해졌다.

2016년 중반에 고객 다섯 곳과 계약을 맺은 상태에서 나는 고객에게 소셜 미디어 캠페인뿐 아니라 시험용 웹사이트와 데이터 수집 양식도 필요하다는 사실을 알게 되었다. 가장 필요했던 건 우리가 생성해내고 있는 추천 건수를 전체적으로 관리해 줄 안전한 시스템이었다. 특히 이전에 노라 테라퓨틱스에서 함께 일했었던 우리의 다섯 번째 고객은 이 역량의 확장을 특별히 요청했고, 시커 헬스가 이 모든 것을 구축하는 과정에 참여하겠다는 의향을 내비쳤다.

앞으로 나아가기 위해 나는 기존에 출시된 도구들을 최대한 활용하여 고객의 수요를 맞추려 했지만 결국 환자 리드 관리 시스템이라는 최종적인 수요와 맞닥뜨리게 되었다. 이 시스템을 만들려면 밑바닥부터 시작해야 했고, 개발자, 돈, 시간, 품질 검사, 사용 설명서, 사용자 훈련 및 호스팅, 그리고, 그리고… 숨 한 번 크게 들이쉬고… 초보자의 사고방식이 필요했다.

이 사업에 대해 잘 아는 친구가 이렇게 말했다. "서비스 비즈니스 업계에는 발을 들이지 마. 대부분 결과가 안 좋아." 나는 완전히 확신에 차 대답했다. "아니, 난 반드시 해내야 해."

구체적으로는 다음과 같은 이유로 소프트웨어를 개발해야 했다.

- 처음부터 끝까지 이어지는 통합된 고객 경험을 제공하고 복수 거래처의 활용을 지양한다.
- 과정을 최대한 자동화하고, '머신'이 대부분의 역할을 맡는 형태로 사업 규모를 확장한다.
- 현존하는 경쟁자나 미래의 경쟁자와 차별화한다.
- 사업을 앞으로 나아가게 한다. 논리적으로 이것이 사업을 성장시키고 그 사업이 가진 영향력을 확대할 다음 단계다. 앞으로 나아가지 않는 사업은 뒤로 밀려난다.

문제가 한 개, 아니 사실 두 개 있었다. 일단 나는 개발자가 아니고, 소프트웨어 개발을 해본 경험이 없었다. 산업 컨설턴트의 도움을 받아 소프트웨어가 어떻게 작동하기를 원하는지 설명한 '기능 세트feature set', 이 기능을 구현하는 데 필요한 사용자 인터페이스 요구사항을 서술한 '와이어프레임wireframe', 그리고 제안 요청서request for proposal, RFP를 작성했다.

제안 요청서에 대해 세 개의 답변을 받았고, 해외 개발자가 아닌 현지 개발자를 고른 다음 프로젝트 일정을 세웠다. 개발 비용은 소프트웨어의 첫 번째 버전에 약 15만 달러가 들고, 매달 유지 비용으로 3천 달러가 추가로 지출될 예정이었다(4장에서 내가 소프트웨어 개발에 외부 투자를 받지 않은 이유를 다룰 예정이다).

나는 소프트웨어 계약자들을 매의 눈으로 관리했다. 내가 코딩은 할 줄 모르지만, 프로젝트 일정 관리는 할 줄 알았다. 다음으로 개발할 기능은 무엇인가? 어떤 사용자를 대상으로 한 기능이 준비되었는가? 시범 운영을 해보기 전에 남은 할 일은 무엇인가?

2017년 초반에 우리는 안전한 환자 리드 관리 시스템, 시커 포탈 1.0 버전을 출시했다. 9개월 뒤에는 사용자 인터페이스에 주요 업그레이드를 적용한 2.0 버전을 출시했다. 시커 포탈은 우리가 고객에게 제공할 수 있는 업무의 범위를 확장했고, 우리 계약의 가치를 증가시켰으며, 우리에게 고객 수를 무한대로 확장할 힘을 부여했다.

스타트업은 수차례 전력 질주를 하고 수많은 장애물을 넘어야 하는 마라톤이며 늘 앞을 향해 나아가야 한다. 그래서 나는 멈추지 않았다.

가르침: 오늘 할 수 있는 최선의 다음 단계를 설정하라

앞으로 나아가려는 노력은 분명 당신의 창조물을 발전시킨다. 스타트업의 목적은 결국 성숙의 단계에 이를 때까지 계속 성장하는 것이다. 스타트업의 리더로서 당신의 역할은 스타트업이 계속 성장할 수 있게 하는 것, 그리고 매일 앞으로 나아가는 것이다.

그렇게 하려면 아침마다 스스로에게 다음 질문을 해보자.

매일 스스로에게 할 기본 질문:
오늘 내가 할 수 있는 최선의 다음 단계는 무엇인가?

당신의 스타트업을 가장 잘 아는 사람은 당신이고, 그래서 대부분의 경우 관리해야 하는 것이 너무 많은 탓에 지나치게 복잡한 일정에 압도당하는 기분이 들 것이다. 하지만 당신이 해야 할 것은 기피하고 싶어질 만큼 막대한 양의 업무를 나열하는 것이 아니라, 오늘 당장 할 최선의 행동을 정하는 것이다.

만약 오늘 정답이 쉽게 떠오르지 않는다고 해도 걱정할 필요 없다. 일에 시동을 걸기 위해 아래 질문을 고민해 보아라.

- 현재의 고객 만족도를 높이기 위해 무엇을 할 수 있을까?
- 파이프라인에 있는 잠재 고객과의 계약 체결률을 어떻게 높일 수 있을까?

- 신규 잠재 고객을 어떻게 끌어올 것인가?
- 성장을 지속하기 위해 어떤 신규 기능/서비스가 필요한가?
- 신규 인력을 어떻게 끌어올 것인가?
- 비용을 절감하거나 유지할 방법은 무엇일까?
- 타깃 고객들에게 브랜드 인지도를 높일 방법은 무엇일까?

주의가 분산될 수 있으므로, 당신이 오늘, 이번 주, 이번 달, 이번 분기, 올해에 달성하고자 하는 목표를 따로 적어두면 좋다. 최소한 당신의 일일 목표를 공책이나 온라인 일정표에 직접 써넣어두면 최선의 다음 단계가 무엇인지에 집중하는 데 엄청난 도움이 될 것이다. 만약 당신이 여기에서 한 걸음 더 나아가고 싶다면 현재와 미래의 일을 정리할 때 유용한 '불렛 저널 기법bullet journal method'을 시도해 보아라.

나는 불렛 저널 기법을 아래와 같이 바꾸어 활용한다.

- 가장 먼저 공책의 페이지마다 번호를 붙인다.
- 색인을 만든다.
- 그해의 목표를 목록으로 만든다.
- 12개월을 써넣을 표를 만들고 월별 목표와 행사를 목록으로 만든다.
- 월별 기록장을 만든다. 한 번에 두세 달 치만 만들고, 메모할 공간을 충분히 남겨둔다.
- 공책 가운데를 기준으로 왼쪽 공간에 날짜를 적고 중요한 이벤트, 마감일, 여행 일정을 써넣는다.

- 오른쪽 공간에 가로줄을 그어서 페이지를 삼등분한다. 각각 '일', '가족', '개인 용무'라는 카테고리로 분류한다. 각 사각형 안에 카테고리에 해당하는 그달의 목표를 적어 넣는다.
- 내가 무엇을 달성하기 위해 일하고 있는지 재빨리 확인할 수 있도록 이 페이지를 표시해두거나 이 페이지가 보이도록 공책을 펼쳐둔다.

스타트업을 어떻게 발전시킬 것인가라는 질문에 최고의 답변을 제공해 줄 사람은 당신이라고 말해주고 싶다. 멘토나 전문가, 강사에게 조언을 구하는 것도 괜찮지만, 이 회사를 창업한 사람은 그들이 아니라는 사실을 기억하라. 이 회사를 창업한 사람은 바로 '당신'이다.

무엇을 하든 간에, 앞을 향해 나아가야 한다는 사실을 기억하라. 매일 자신에게 이 질문을 던지고, 계속 앞으로 나아가라.

명상 가이드: 최선의 다음 단계 찾기

이 명상을 할 때는 떠오르는 영감을 적어둘 종이를 준비하면 좋습니다.
눈을 감으세요. 숨을 깊이 들이쉽니다. 몸 밖의 활동에 소모했던 에너지를 다시 안으로 불러들입니다. 숨을 한 번 더 깊게 들이쉬고, 4초 동안 잠깐 숨을 참은 다음, 숨을 내쉬면서 남아 있는 모든 방해 요소를 놓아주세요. 당신은 바로 여기, 이 순간에 존재하고 있습니다.

마음에 집중한 상태로 당신과 당신의 스타트업 사이에 존재하는 거리를 조금 더 넓혀 봅니다. 스타트업은 창업자의 안에 살기 마련입니다. 이 수련을 통해 스타트업과 거리 두기를 해보려고 합니다. 명상을 하는 이 시간 동안 방 건너편에 당신의 스타트업을 올려놓을 만큼 크고 튼튼한 테이블이 있다고 상상해 보세요.

테이블이 보이면 스타트업을 그 위에 올려놓습니다. 전부 다 올려놓습니다.

스타트업은 이제 테이블 위에 놓여 있고, 더 이상 당신 안에 있지 않습니다. 당신과 스타트업 사이에는 거리가 있습니다.

이제 숨을 깊이 들이쉬고 머릿속으로만, 근육을 하나도 움직이지 않은 채 테이블 주위를 돌며 스타트업을 멀리 떨어진 곳에서 관찰합니다.

지금까지 무엇을 만들었나요? 스타트업이 해결하고 있는 문제는 무엇인가요? 시장, 인류, 그리고 당신에게 스타트업이 지금 미치고 있는 영향은 무엇인가요? 당신이 무엇을 만들었는지 보세요.

그게 어떤 것이든, 당신이 만들기 전에는 존재하지 않았던 것입니다. 그것을 보며 감탄하세요.

숨을 한 번 더 깊이 들이쉬고 몸과 마음이 충분히 이완된 상태로 당신의 스타트업과 최대한 거리를 두세요. 이제 당신 스스로에게 중요한 질문을 해봅니다.

내가 다음으로 할 수 있는 최선의 행동은 무엇인가?

- 이미지, 단어, 소리를 느껴봅니다.
- 느낀 것들을 빨리 종이에 적습니다.
- 다시 질문을 해보세요.

내가 다음으로 할 수 있는 최선의 행동은 무엇인가?

- 직감과 기분을 느껴봅니다.
- 느낀 것들을 빨리 종이에 적습니다.

한 번 더 숨을 깊이 들이쉬면서 앞으로 며칠 또는 몇 주간 어떻게 앞으로 나아갈 것인지, 그리고 다음 단계로 나아가기 위해서는 무엇이 필요할지에 대한 생각을 마음속에 새깁니다.
이제 눈을 뜨세요. 그리고 시작해 봅시다.

●● 한눈에 보기

- 발전의 흐름은 앞을 향한다. 무슨 일이 생기더라도 그 성장동력을 잃지 말아라.
- 성장동력의 방향은 앞을 향해야 하지만, 속도가 빨라야 하는 것은 아니다. 전력 질주를 해야 할 때가 있지만, 가끔은 천천히 걷는 것만으로도 충분하다.
- 매일 스스로에게 질문하라. **내가 오늘 할 수 있는 최선의 다음 단계는 무엇인가?**
- 고객의 목소리와 요청사항을 가이드로 활용하라. 당신이 성공하는 데에는 고객의 지분이 가장 크다.
- 남들로부터 조언을 구하고 받아들이되, 언제나 최종 결정은 당신이 하라. 설령 당신의 결정이 주류의 믿음에 반하는 것이더라도 자신의 결정을 믿어라.
- 당신이 창업한 스타트업은 당신에게 친밀한 창조물이므로, 가끔 어떤 사안이 사적인 감정을 건드리기도 한다. 명상을 활용하여 당신의 프로젝트를 멀리서 관찰하고 최선의 다음 단계에 대한 객관적인 명확성을 획득하라.

4장
투자금은 언제나 충분하지 않다

투자금은…
오랜 시간에 걸쳐 들인 노력이
성공으로 바뀌기까지 필요한
당신의 열정과 독창성, 그리고 투지를 모두 구매하기에
언제나 부족할 것이다.

— 데이먼드 존^{Daymond John}, 『The Power of Broke』

현장 속으로

소프트웨어 개발의 세계로 뛰어들었을 때는 내가 투자자로부터 투자금을 조달 받는 것을 고려해 봤을 만한 순간이다. 그렇다면 내가 기술 업계 스타트업들이 좀처럼 가지 않는 길을 택하고 투자금 없이 개발을 진행한 이유는 무엇일까? 열 가지 이유가 떠오르는데, 분명 더 있을 것이다.

1. **투자자의 돈이 필요하지 않았다.** 나는 디지털 미디어 캠페인을 제공하며 유료 고객 다섯 곳을 확보한 채 시커 헬스를 시작했기 때문에 꽤 큰 액수의 매출을 창출해 내고 있었을 뿐 아니라 이익을 내고 있었고, 이 수익으로 소프트웨어 개발 비용을 감당할 수 있었다.
2. **거절당할 기분이 아니었다.** 시커 헬스는 성장하고 있었고, 시장이 보여주는 기회의 길을 따라 앞으로 나아가고 있었다. 나 같은 초보 창업자가 벤처 캐피털 앞에서 발표하면 한 번 수락 받기 위해 50번 거절당할 것이 뻔했다. 한편, 잠재 고객에게 발표했을 때 수락 받을 확률이 70%에 근접해지고 있었으므로 나는 벤처 캐피털을 만날 시간에 잠재 고객 앞에서 발표하는 편이 낫다고 판단했다.
3. **고객 수요가 계속 증가했다.** 나의 주변 인맥을 넘어서 점점 더 많은 고객이 시커 헬스에 대해 궁금해하며 연락을 해왔다. 떠오르는 바이오테크 기업의 80%가 우리의 주력 분야인 희귀병 또는 종양 치료제를 개발하고 있었고, 이러한 산업의 기초 체력은 늘어나는 고객 수요를 든든하게 지지해 주었다. 이 기업 중 일부만 임상 시험 등록을 위해 시커 헬스를 찾는다고 해도 괜찮았다.
4. **지분을 나눠주고 싶지 않았다.** 나는 셋째를 키운다는 마음으로 스타트업을 경영하고 있었다. 그의 20% (이건 거의 팔과 다리, 또는 장기 전부나 마찬가지다!)를 누군가에게 나눠준다는 것은 있을

수 없는 일이라고 생각했다. 게다가 그즈음 나보다 훨씬 큰 규모의 사업을 하던 동료가 이렇게 말했다. "복잡한 캡테이블capitalization table(투자에 따른 자본금 및 지분 관계의 변화를 정리한 표다.-옮긴이)과 통제권 구조를 가진 1억 달러 가치의 회사 10%를 소유할 수도 있지만, 천만 달러 가치의 회사 100%를 가지고 더 편안한 삶을 살 수 있어요." 이 말이 내내 머릿속에 맴돌았고, 지분과 관련한 일은 첫 스타트업을 창업할 때 유독 더 신경 쓰였다. 나는 최대한 오랫동안 회사의 지분을 모두 차지할 생각이었다.

5. **투자자 수익이 사업의 주요 목표가 되는 것을 바라지 않았다.** 투자자로부터 자금을 조달 받으면 투자자 수익이 회사의 최우선 순위 목표가 된다. 벤처 캐피털은 거대한 수익을 기대하며 막대한 액수의 돈을 맡긴 몇 안 되는 파트너들을 위해 일한다. 내가 헬스케어 분야에서 15년간 일한 이유는 사람들의 삶에 변화를 가져다주는 제품을 만들고 싶었기 때문이다. 나는 이 목표에 계속 집중하고 싶었다.

6. **폭발적 수익에 대한 고강도의 압박과 낮은 확률에 시달리고 싶지 않았다.** 벤처 캐피털은 유니콘 상태에 도달해서 투자금을 거대하게 불려줄 1%의 스타트업을 찾는다. 야심 찬 목표를 좋아하기는 하지만, 내 야심 찬 목표는 수익이 나는 방식으로 환자 구인 속도를 높여서 직원과 나를 먹여 살리고 홀로 설 수 있는 회사를 창업하는 것이었다.

7. **사업과 관련 없을 수도 있는 조언을 자세히 들여다보고 싶지 않았다.** 벤처

캐피털에서 창업자에게 중요한 인맥과 사업 성장에 대한 조언을 제공해 준다는 사실을 알고 있지만, 시커 헬스는 우리가 직접 서비스를 제공하는 고객과 환자들에게 최고의 조언을 받았고, 이들은 지분을 보상으로 요구하지 않았다.

8. **남의 돈을 가져가는 것을 왜 축하하는지 도무지 이해할 수 없었다.** 테크 미디어에서는 투자 유치 시리즈가 이 시대의 축복이라는 듯 기사를 보도한다. 한편 회사가 투자금을 유치하며 실제로 벌어지는 일은 그다지 가망이 없는 막대한 수익을 내겠다고 약속하며 창업자가 투자자에게 큰 덩어리의 지분을 주고 그를 돈과 맞바꾼 것이다. 스타트업 문화에서는 남의 돈을 사용하는 것을 가장 크게 축하한다. 진짜 축하해 줘야 할 사람이 누구인지 아는가? 수익을 내며 자급자족하는 회사를 만드는 사람들이다.

9. **재무적 책임이 성공의 기반이라고 생각한다.** 돈이 넘쳐나는 스타트업은 돈 속에 파묻혀 익사한다. 그들은 필요하지도 않은 탁구대를 구매하고, 몸값이 비싼 인재들을 필요 이상으로 고용해 과도하게 높은 연봉을 준다. 나는 이런 현상을 미국 기업계에서 똑똑히 목격했다. 부유한 회사는 그럴 능력이 된다는 이유 하나만으로 자원을 낭비한다. 하지만 내가 자란 가정환경은 그런 부유함과는 거리가 멀었다. 우리 가족은 마트에 갈 때 40달러를 들고 가서 쿠폰과 특가 상품을 최대한 활용하여 100달러어치의 식재료를 사 오곤 했다. 사람들은 돈이 (빌린 것이 아니라) 자기 것일 때, 그리고 돈의 공급이 부족할 때 더 책임감 있게 소비한다.

10. **투자 유치 과정은 창업자를 지치게 만들고, 창업자가 회사를 성장시키는 데 써야 할 힘을 빼앗아간다.** 만약 창업자의 최우선순위가 투자 유치라면 제품과 고객의 위상이 어디쯤 있을지 예상할 수 있을 것이다. 당연히 꼭대기는 아니다. 내가 아는 창업자 중에서 투자 유치 라운드를 끝내고 너무 지쳐서 정작 가장 중요한 제품과 고객에게 집중을 시작하지도 못하고 휴식을 취해야 했던 이들이 많다.

생각보다 투자 유치에 대한 관점이 나와 비슷한 창업자가 많았다. 자료에서 다음과 같은 사실을 발견했다.[1]

- 0.05%의 스타트업만이 벤처 캐피털 투자를 받는다.
- 시드 라운드를 마친 스타트업 중 1%만이 10억 달러 이상의 가치를 지닌 유니콘 기업이 되었다.

오해하지 말아라. 만약 내 스타트업에 투자금이 필요했다면 나는 투자 유치를 받기 위해 유니콘 사냥꾼들과 연락을 주고받았을 것이다. 그리고 그런 교류에서 어떠한 혜택이 있었을 수도 있다는 사실을 안다. 하지만 나는 스타트업의 견인력을 끌어내는 데 집중하기로 했다. 지금까지 그 견인력은 사업에 필요한 투자금을 지원하기에 충분했다.

---

[1] 메러디스 우드Meredith Wood, "스타트업 자본 유치: 당신을 놀라게 할 8가지 통계Raising Capital for Startups: 8 Statistics That Will Surprise You," 펀데라 (웹사이트), 2020년 2월 3일

가르침: 유료 고객의 진가를 알아보라

유료 고객은 단순한 자금 제공 이상의 이유로 당신의 주요 집중 대상이 되어야 한다. 초기 유료 고객은 당신의 제품과 서비스의 지속적인 개발에 도움을 줄 수 있다. 더 중요한 건, 초기 유료 고객은 당신이 그들에게 제공할 수 있는 가치를 극대화할 방법을 알려준다는 것이다. 유료 고객들에게 A를 판매하는 과정에서 B와 C도 필요하다는 사실을 깨닫고 그 방향을 따라 회사를 성장시켜 나가면 된다.

초기 유료 고객이 가진 초능력은 다음과 같다.

초능력	중요한 이유
제품 개발 가속화	초기 유료 고객은 핵심 기능만이 구현된 최소 기능 제품(Minimum Viable Product, MVP)을 구매할 의향이 있으므로, 이 기회를 활용하여 이들이 가지고 있는 또 다른 수요에 대해 통찰하고, 이를 통해 얻는 정보로 제품 개발 속도를 높일 수 있다.
데이터를 기반으로 하는 시장 개발	초기 유료 고객은 자신이 가진 문제와 요구사항에 대한 데이터를 제공해주므로, 그를 토대로 당신의 해결책을 채택할 확률이 가장 높은 세분화 대상에 맞추어 스타트업의 시장 적합성을 계속 조정할 수 있다. 초기 유료 고객 중 일부는 회사가 특정 방향으로 성장해 나가면서 이탈할 수 있지만, 그래도 괜찮다.
자금 제공	초기 유료 고객은 주식 발행을 요구하지 않는다. 대신 그들은 자신의 문제를 해결해주길 바라며, 이에 대해 돈을 낼 의향이 있다.

추가 고객 모집	초기 유료 고객은 자신과 비슷하거나 자신보다 더 나은 다른 고객에게 당신의 제품/서비스를 추천해주기도 한다.

당신이 무슨 생각을 하고 있는지 안다… 당신은 지금 어찌 됐건 투자 유치를 할 계획이므로, 초기 유료 고객 따위 필요 없다고 생각할 것이다. 당신이 설령 회사 지분과 벤처 캐피털의 투자금을 교환하기로 결정한다고 하더라도, 유료 고객은 도움이 된다. 사실 회사 운영의 가장 초기 단계에 자금을 조달해 줄 의향이 있는 인큐베이터와 엔젤 투자자라고 해도 견인력이 조금이라도 보이는 회사에 투자하고 싶어 한다. 다음은 인큐베이터가 제시할 만한 요구사항의 예다.

- 기업 대상 또는 마켓플레이스marketplace(구매자와 판매자의 거래를 연결해주는 비즈니스다. - 옮긴이) 스타트업: 매달 5천 달러~10만 달러의 총 수익, 지난달 대비 최소 20%의 성장률
- 소비자 대상 제품: 일간 활성 사용자Daily Active Users, DAU 5천 명, 지난주 대비 최소 5%의 성장률

기발한 아이디어는 사업이 아니다. 사업이란 한 무리의 고객이 사용하고 돈을 낼 용의가 있는 제품이나 서비스를 제공하는 단체다. 초기 사용자나 유료 고객을 획득하려면 열정, 독창성, 투지가 필요하고, 이것은 벤처 캐피털로부터 투자금을 받고 말고를 떠나서 당신의 스타

트업을 성장시키는 강력한 엔진이 된다.

명상 가이드: 열정, 독창성, 투지 더하기

숨을 깊이 들이쉬고 눈을 감으세요.

지분을 받고 투자금을 제공하겠다는 이들을 잠시 머릿속에서 지워봅니다. 엔젤 투자자, 시드 라운드, 시리즈 A, 시리즈 B가 존재하지 않는 세상으로 들어갑니다. 걱정하지 마세요, 당신이 이 명상을 끝냈을 때 그들은 계속 그 자리에 있을 겁니다.

이제 벤처 캐피털이 없는 세상 속에서 발걸음을 옮겨보고, 잠시 앉아서 아래 질문에 대해 생각해 볼 만한 공간을 머릿속에서 찾아보세요.

이곳에는 벤처 캐피털이 없고, 회사의 한 덩어리를 받고 투자금을 내어줄 사람이 아무도 없으므로, 사업을 구축하려면 새로운 방법을 찾아내야 합니다.

어떤 선택지가 있나요? 어떻게 하면 최대한 빨리, 사람들이 돈을 낼 용의가 있는 무언가를 만들어낼 수 있을까요? 투자금을 유치할 또 다른 방법에는 어떤 것이 있을까요?

매각할 만한 자산이 있나요?

받을 만한 대출이 있나요?

당신의 열정을 사업에 필요한 자금으로 바꿀 방법이 있나요?

몇 초간 이 명상을 통해 수확한 것들을 주워 담습니다.

눈을 뜨세요. 당신에게 열려 있는 다양한 자금 조달처의 문을 자유롭게 두드려봅니다.

●● 한눈에 보기

- 벤처 캐피털의 투자가 필요 없거나 이런 식의 투자가 잘 맞지 않는 스타트업이 많다는 사실을 염두에 두고 당신의 스타트업에 벤처 캐피털이 정말 필요한지 곰곰이 생각해 보아라.
- 커다란 지분을 나눠주기 전에 대안이 될 만한 자금 조달처가 있는지 생각해보아라.
- 첫 유료 고객을 찾는 과정에 열정, 독창성, 투지를 더해라.
- 초기 유료 고객들과 함께 당신이 그들의 문제를 완전히 해결하고 있는지 (안정적인 제품/시장 적합성을 찾았는지) 확인하라.

5장
유료 고객을 만족시켜라

당신의 아이디어와 사랑에 빠졌는가?
직감적으로 옳다는 느낌이 드는가?
그것을 위해 피를 흘릴 의향이 있는가?

― 스티븐 프레스필드 Steven Pressfield, 『Do the Work』

현장 속으로

주삿바늘이 정맥을 찔렀다. "거의 끝났어요." 거짓말이었다. 피, 내 피가 세 개의 유리병 중 하나로 흘러 들어가기 시작했다. 유리병에는 내 이름과 내가 참여한 임상 시험의 명칭이 적혀 있었다. 이제 나는 이 임상 시험과 피로 연결되었다. 나는 말 그대로 내 스타트업을 위해 피를 흘리고 있었고, 그럴 수 있어서 기뻤다.

시커 헬스를 창업하기 전에 첫 치료제를 간절히 기다리는 희귀병 환자 대상의 임상 시험 업무를 여러 번 맡았었다. 성공 가능성을 평가하고, 참가자 모집 전략을 세우고, 규제 기관에서 요구하는 서류 작성 속도를 높이기 위해 일정을 세웠다. 시커 헬스를 시작하고 나서는 십여 개의 임상 시험을 담당하며 적격 기준을 검토하고, 해당 환자 집단을 확보하기 위해 플랫폼을 준비시켰다. 하지만 내가 임상 시험에 직접 참여한 적은 단 한 번도 없었다.

임상 시험에 지원할 만한 증상이 있는지 찾기 위해 내 몸을 샅샅이 살펴봤다. 나는 건강하게 태어났고 심각한 병에 걸린 적이 없었지만, 이따금 나를 성가시게 하는 가벼운 피부질환이 있었다. 과학의 발전을 위해, 고객과 더 가까워지기 위해, 그리고 어쩌면 내 피부질환에 대한 해결책을 찾기 위해 근방에 참여할 만한 임상 시험이 있는지 찾아보았다. 일요일 아침에 아침을 먹으려고 자리에 앉으면서 주간지 〈팔로 알토 위클리Palo Alto Weekly〉의 지면에서 내가 가진 피부질환에 대한 임상 시험이 근처 대학 병원에서 진행된다는 광고를 봤다. 광고를 스크랩한 뒤 월요일에 전화를 걸었다. 임상 시험 코디네이터가 연구 접수 기준과 관련된 항목을 질문하기 시작했다. 코디네이터는 질문을 하나씩 했는데, 우리 둘 모두에게 지루한 절차였다. 그러고 나서 내 연락처를 물어봤고, 나는 내 성姓의 철자를 세 번이나 말하고 이메일 주소를 읊어줘야 했다!

이 저차원적인 교류 속에서 시커 헬스의 필요성이 명확해졌다. 나는 시커 헬스에서 진행하는 온라인 광고가 아닌 무료 지역 신문에 있는 광고를 스크랩하고 등록 절차를 시작하기 위해 월요일까지 기다려야 했다. 임상 시험 코디네이터가 전화로 하는 질문에 대답하는 과정은 온라인 사전 설문지를 작성하는 것보다 열 배는 더 오래 걸렸다. 코디네이터의 연락처를 메시지로 바로 전달받지 못하고 그의 전화번호를 직접 물어봐야 했으며, 이메일 주소는 끝내 알아내지 못했다.

나는 시커 헬스가 어떻게 하면 환자와 의료 기관, 그리고 제약 개발 업체에 최고의 서비스를 제공해 줄 수 있을지 더 배우겠다는 열린 자세를 가지고 임상 시험에 등록했다. 의약품 복용을 하기에 앞서 채혈을 하러 왔을 때는 코디네이터가 연구소까지 동행해서 대기 줄을 건너뛸 수 있게 도와줬다.

"그래도 괜찮을까요?" 내가 물었다. 공정성을 중요시하는 나는 대기 줄을 지나쳐온 것이 왠지 불공정하다고 느꼈다.

"그럼요. 신체와 데이터를 자발적으로 제공하며 임상 시험에 참여하시는 거잖아요."

일리가 있는 말이었지만, 이 특별 대우는 오래가지 않았고 그 이후 피를 세 병씩 뽑으러 연구소를 방문할 때마다 평균 삼십 분씩 대기해야 했다.

이 경험은 시커 헬스가 제공하고자 하는 해결책의 정당성을 입증하는 데 큰 도움이 되었다. 임상 시험에 참여하는 동안 환자, 센터, 바이오제약 기업의 근심을 덜어줄 아이디어 대여섯 가지가 더 떠올랐다.

내가 받은 연구용 의약품 혹은 위약에는 나쁜 부작용이 전혀 없었고, 내 손에서 열한 번째 손가락이 자라나지도 않았다. 대신 자라난 건 임상 시험에 관여된 이해 당사자의 수요, 걱정, 작동 방식에 대한 나의 이해도였다. 현장에서 전문가로 일하는 것만으로는 이런 통찰력을 갖출 수 없었을 것이다.

　게다가 내 스타트업을 위해 피를 흘리고 나니 우리 회사의 환자와 고객, 직원에게 궁극적으로 필요한 것은 '탈바꿈'이라는 사실을 깨닫게 되었다. 환자에게는 견딜 수 없는 증상을 견딜 만하게 탈바꿈시켜줄 약이 필요하다. 바이오제약 업체는 임상 시험에 필요한 참가자의 정원을 채우고, 허가받은 치료제가 하나(또는 그 이상) 있는 회사로 탈바꿈하고 싶어 한다. 우리 회사에 근무하는 직원은 단순한 직업을 소명, 임무, 열정으로 탈바꿈시켜줄 커리어를 원한다. 이 모든 이해관계자의 최종 목표는 탈바꿈이고, 내 스타트업은 그들을 목표로 데려다줄 매개체인 것이다.

가르침: 채워지지 않은 욕구가 있는 인간들에게 강렬한 탈바꿈을 선사하라

당신의 스타트업이 진정한 인간 욕구를 충족시켜줄 수 있다면 그 가치가 극대화될 것이다. 운 좋게도, 인간은 욕구의 동물이다.

인간에게는 채워지지 않은 욕구가 매우 많다.¹

하트 캔버스Heart-Canvas는 꽃 모양의 도표로 인간의 수많은 욕구를 은유적으로 표현했다. 당신에게는 채워지지 않은 욕구가 많다. 나도 마찬가지다. 모든 인간(그리고 동물과 식물)이 그렇다. 도표의 화분은 공기, 물, 주거지, 식량, 움직임과 같은 모든 생존적 욕구를 담고 있다. 꽃잎은 여덟 가지 넓은 범위(공동체 의식, 지속가능성, 자율성, 정직성, 웰빙, 의미, 평화, 공감)의 욕구를 상징한다. 이 중에서 가장 고차원적인 욕구는 '초월성'이다. 나는 이 도표가 인간의 보편적인 욕구를 카테고리로 분류하여 묘사하기 때문에 매우 좋아한다. 좋은 소식은 이러한 욕구 대부분이 인간에게 서비스를 제공할 잠재적인 비즈니스 기회를 낳는다는 것이다!

공동체 의식을 예로 들어보자. 지난 십 년간 수많은 성공적인 비즈니스가 이 영역의 욕구를 충족시키기 위해 형성되었다.

- 페이스북Facebook: 가족과 친구, 9학년 때 사귀었던 연인과 연결되고자 하는 욕구를 충족시키기 위해
- 왓츠앱Whatsapp: 전 세계 사람들과 즉각적인 소통을 하고자 하는 욕

---

1 제임스 프리토James Prieto가 고안해낸 하트 캔버스는 컴패셔닛 커넥팅 Compassionate Connecting에 단독 저작권이 있으며 www.Heart-Canvas.com에서 구매할 수 있다. 본 책은 허가를 받고 수록했다. 개인, 인간관계, 신체적이고 초월적인 욕구를 포괄하여 표현한 욕구의 꽃은 짐과 조리 맨스키Jim and Jori Manske의 욕구의 바퀴(RadicalCompassion.com)에서 영감을 받았고 꽃이라는 자연의 은유에 맞게 수정했다.

구를 충족시키기 위해
- 슬랙Slack: 함께 일하는 팀원들과 효율적으로 협력하고자 하는 욕구를 충족시키기 위해
- 킥스타터Kickstarter: 프로젝트 동업을 하고자 하는 욕구를 충족시키기 위해

당신의 스타트업이 성공할 확률을 높이려면:

1. **고객의 욕구를 이해한다.** 진심을 담아 고객의 입장에 서서 생각해본다. 이 목적을 달성하기 위해 매달 채혈을 해야 한다고 해도 받아들여라.
   - 고객이 현재 가지고 있는 문제는 무엇인가?
   - 고객의 불만 사항은 무엇인가?
   - 고객이 현재 경험하고 있는 것은 무엇인가?
   - 고객이 원하는 해결책은 무엇인가?

2. **고객의 욕구를 최대한 완전히, 그리고 깊숙이 충족시켜라.** 고객에게 정말로 도움이 되는 통합된 하나의 해결책을 제공하는 것이 여기에 해당한다.
   - 당신의 해결책이 문제를 어떻게 해결하는가?
   - 당신의 해결책이 고객에게 새로운 문제 (이 문제 역시 당신이 해결해야 한다)를 안겨주는가?

3. **해결책의 타깃을 수익성이 있는 인구에 맞춘다.** 다부분의 해결책에는 타깃 설정이 필요하다. 현재 페이스북은 지구에 사는 77억 인구 중 24억 사용자라는 거대한 규모를 대상으로 운영되고 있지만, 처음에는 대학생이라는 정확한 타깃을 가지고 시작했다. 페이스북 서비스를 열정적으로 받아들일 적절한 인구통계학적 대상을 선택한 것이다. (세분화와 포지셔닝에 대해서는 6장에서 더 다룰 예정이다.)

당신의 업무와 인간의 깊은 욕구를 충족시키는 일을 연결하면 제품/시장 적합성은 자동으로 쉽게 따라올 것이다.

명상 가이드: 서비스를 제공하는 능력 더하기

앉거나 누울 수 있는 편안한 공간을 찾으세요. 숨을 깊이 들이쉬고, 몸을 이완시킵니다. 정수리로 내리쬐는 따뜻하고 편안한 빛을 느낍니다.

당신의 마음속으로 여행을 떠나봅시다. 아주 천천히 신발을 벗고, 아주 신중하게 당신의 마음속으로 발을 한 걸음 내디디세요.

안으로 들어갔나요? 당신의 마음이 얼마나 큰지 보이나요? 마음속으로 몇 걸음 더 걸어 들어가세요. 무엇이 보이나요? 어떤 이미지가 머릿속에 떠오르나요? 조금 더 거닐어보세요.

당신은 아직 어떤 일을 못 해봤나요? 어떤 일을 하고 싶어 하나요?

어떤 서비스를 제공하고 싶어 하나요?

    색깔, 소리, 사람들, 단어, 사물 등 세부사항을 모두 모아봅니다.

- 당신의 마음은 어떤 서비스를 제공하고 싶어 하나요?
- 이 서비스가 필요한 사람은 누구인가요?
- 그 사람들은 어떤 문제에 직면하고 있나요?

    당신이 불러일으킨 이미지를 모은 다음, 숨을 들이쉬면서 몸 안으로 가지고 들어옵니다. 서비스를 제공할 시기는 바로 지금입니다. 숨을 깊이 들이쉬고, 내쉽니다.

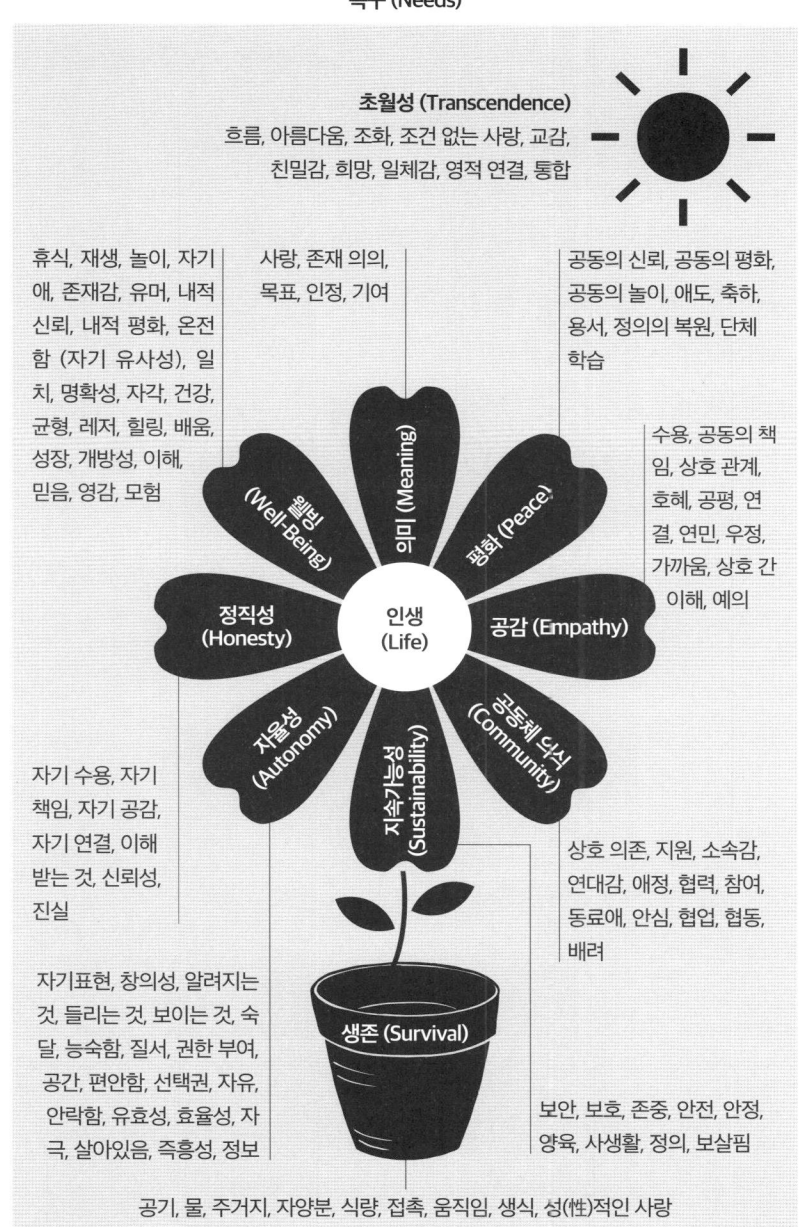

5장 | 유료 고객을 만족시켜라

●● 한눈에 보기

- 고객의 입장에 서서 문제를 찾아내라.
- 창업을 시도하기에 앞서 문제를 해결하려고 노력하라.
- 사람들에게 채워지지 않은 욕구가 많다는 것은 사업 아이디어와 기회가 풍족하다는 뜻이다.
- 아무 욕구나 해결하려고 하지 말아라. 마치 이 욕구를 해결하는 것이 당신의 운명인 것처럼 당신과 연결되고 당신의 마음을 목적의식으로 가득 채우는 욕구를 찾아라.
- 당신이 하는 일에 대한 깊은 목적의식이 힘든 시간을 인내하는 데 필요한 지구력을 제공할 것이다.

6장
경쟁자와 대화하라

절대로 당신의 이면을 다른 사람의 외면과 비교하지 말아라.

— 작자 미상

현장 속으로

시커 헬스를 창업할 때 임상 시험 참가자 모집 캠페인을 하려는 광고 에이전시가 많다는 사실을 알았지만 별로 걱정하지 않았다. 수많은 광고 에이전시의 고객이 되어봤던 나는 그들의 업무가 대체로 느리고 그들이 이를테면 웹사이트에 있는 사진의 색깔을 어떻게 조정할 것인지와 같은 사소한 고민에 매일 시달리는 것을 직접 경험했다. 임상 시험에는 효율성, 속도, 결과에 대한 집중력이 필요하기 때문에 시커 헬스를 다른 마케팅 에이전시와 차별화하기는 쉬웠다. 시커 헬스와 비슷한 임상 시험 참가자 모집 회사가 몇 군데 있다는 것도 알았으나, 대부분 희귀병 환자의 경우 찾기 어렵다는 이유로 멀리하며 꺼리는 경향이 있었다.

나는 경쟁자에 대해 더 많은 정보를 얻어내야 했는데, 마침 전 직장 동료이자 시커 헬스를 응원해 주는 친구 벤이 비슷한 일에 도전하는 다른 회사들을 알아봐 주기 시작했다. 벤이 "환자 등록 분야에 새로 진출한 회사가 있어요."와 같은 간략한 이메일을 보내면 나는 시커 헬스가 그 회사보다 나은 점이 있길 바라며 어떤 차이가 있는지 조사했다.

몇 달 뒤 2016년 2월에 '임상 시험 운영 기업 임원을 위한 회담'에서 경쟁자들과 대면했다. 거의 의무적으로 참석해야 하고 항상 북적이는 이 산업 미팅은 시커 헬스의 경쟁자를 더 많이 발견하고 그들과 차별화할 방법을 이해하기 위한 완벽한 기회였다. 전시홀에 같은 색상의 배경과 테이블보로 부스를 장식하고 직원을 배치해둔 경쟁자도 있었고, 발표장 안에서 환자 구인 접근법에 대한 세션을 진행하는 경쟁자도 있었다.

어머니는 항상 내게 질문할 때까지 답을 알 수 없다고 말했다. 지금부터 질문을 통해 사람들이 자신의 이야기를 하고자 하는 욕구를 나에게 유리하게 활용하는 것이 얼마나 중요한지 보여주려고 한다.

나는 시커 헬스의 경쟁자 같아 보이는 회사의 부스로 접근했다. 부스에는 똑같은 셔츠를 입고 수염을 비슷한 모양으로 기른 남자 직원들이 서 있었다. 접근하기 쉬운 타깃이었다. 우리는 다음과 같은 대화를 나누었다 (내가 머릿속으로 생각한 부분은 *기울임체*로 표기했다).

나: 어떤 일을 하는 회사인지 궁금합니다.

수염: 저희는 임상 시험에 참여할 환자를 찾습니다. *(하하, 우리도 그런데… 나쁜 소식이군.)*

나: 어떤 방식으로 환자를 찾으시나요?

수염: 디지털 광고를 통해 환자들을 임상 시험 센터와 연결하는 시스템으로 끌어옵니다. *(나쁜 소식이야. 우리랑 너무 비슷해.)*

나: 어떤 질환을 다루시죠?

수염: 여드름, 습진, 천식 등 일반적인 질환을 다룹니다. *(아주 좋아… 시커 헬스가 희귀한 복합성 질환을 겪는 환자들에게 이들보다 더 큰 가치를 가져다줄 수 있겠어.)*

남자가 명함을 건네준다. 나도 내 명함을 건넨다.

나: 감사합니다. 희귀병이나 종양학 쪽도 다루시나요?

수염: 아니요, 그런 환자들은 찾기가 어려워서요. *(좋아. 시커 헬스가 이쪽을 맡으면 되겠어.)*

나: 요금은 어떻게 청구하세요?

수염: 음, 연구 센터에서 자신들의 연구를 홍보하려고 저희가 제공하는 패키지를 구매합니다. *(별로 안 좋은 선택인 거 같은데? 센터는 후원사보다 예산이 적잖아.)*

남자가 패키지에 대한 설명이 실린 책자를 건네준다.

나: 그럼, 센터만을 대상으로 하시는 건가요?

수염: 네. *(좋아. 우리 회사는 센터보다 한 단계 위에 있는 바이오제약 기업을 대상으로 하고 있고, 이런 기업들은 계약 한 번으로 여러 센터에 대한 수수료를 지불하니까.)*

위 대화가 마치 심문을 하는 것처럼 일방적으로 진행됐다는 점에 주목하라. 남자는 이 회사에 관해 설명하라고 부스에 배치되었고, 할 일을 했을 뿐이다.

산업 미팅이 진행된 기간에 벤이 매주 찾아 보내준 환자 모집 기업에 관해 연구하고 고객 및 경쟁자들과 추가적인 교류를 하면서, 경쟁이 치열한 이 시장에도 여전히 시커 헬스를 차별화할 방법이 있다는 사실을 깨달았다.

우선, 회사가 전문적으로 찾을 수 있는 환자 종류에 아래와 같은 차이가 있다는 것을 확인했다.

- **질환의 범위**: 일반, 전문, 희귀, 매우 희귀
- **질환의 종류**: 만성, 단발성
- **질환의 중증도**: 가벼움, 중간, 심각

둘째, 환자 등록을 기다리는 잠재 고객이 다음과 같이 다양하다는 것을 확인했다.

- **신생 바이오제약 기업**: 주로 임상 개발 2상 또는 3상을 진행하고 있는 스타트업으로, 혁신을 갈망하며 매우 다급하다.
- **상장 이후post-IPO의 중형 바이오제약 기업**: 임상 개발 3상을 진행 중이거나 승인된 제품을 가지고 있고, 프로세스가 잘 자리잡혀 있는 편이다. 여전히 (가끔은) 빠르게 움직일 수 있다.
- **대형 바이오제약 기업**: 여러 승인된 제품을 가지고 있는 정착된 기업으로, 관료주의가 만연해 있고 신기술을 받아들이는 속도가 느리다.
- **임상 연구 기관**Clinical Research Organization, CROs: 바이오제약 후원사에 고용되어 연구를 진행하며, 환자 모집에 대한 책임이 있지만 그 분야에서 어려움을 겪는 경우가 대부분이다.

셋째, 접근법에 차이가 있었다. 후원사 또는 센터에서 고용한 기업, 전자 기록을 캐내는 기업, 장기간 데이터를 관리하는 기업 등이 있었다.
이와 같은 정보로 무장한 채 시커 헬스의 포지셔닝 문구를 아래와 같이 작성했다.

포지셔닝 문구

"시커 헬스는 목숨을 구하는 신규 치료제 개발 분야의 혁신적인 임상 연구 단체 및 신생 바이오제약 기업에 찾기 어려운 복합성 질환자들을 빠르게 찾아주는 가장 혁신적인 환자 구인 통합 플랫폼으로, 신약이 최대한 빨리 필요한 사람들에게 그 신약을 공급하는 것을 목표로 한다."

창업 첫날에 시장을 세분화할 정도의 지식이 없었기 때문에 당장 자리에 앉아 이 문구를 쓰진 못했지만, 시간이 지나면서 문구를 만들고 다듬을 수 있게 되었다.

새로운 경쟁자가 시장에 진입했다는 소식을 들을 때마다 시커 헬스의 차별화 전략이 여전히 유효한지 알아보기 위해 정보를 모았다. 경쟁이 치열한 시장일수록 모든 사람에게 모든 것을 제공하려고 하기보다 시커 헬스가 서비스를 제공하고 승리할 수 있는 가장 가치 있는 위치를 찾는 것이 특히 더 중요했다.

해가 지날수록 벤이 이메일로 새로운 경쟁자에 대한 소식을 전해주는 횟수가 줄어들었다. 시장에 진입하는 경쟁자의 숫자가 줄어든 걸까? 회사들이 망하고 있는 걸까? 둘 다 맞다. 경쟁의 승리자들이 드러나기 시작했고, 시커 헬스는 시장에서 살아남고 성장하는 데 필요한 차별점을 찾았다.

가르침: 포지셔닝의 중요성

경쟁은 비즈니스의 핵심이다. 해결할 문제가 있는 가장 매력적인 시장에는 그 문제를 해결하려는 회사가 많이 있을 것이다. 경쟁자들과 열린 자세로 관계를 맺으면 당신의 회사를 최고의 가치를 지닌 회사로 포지셔닝하는 데 필요한 정보를 얻고 당신의 스타트업을 개선할 수 있을 것이다.

1단계: 경쟁자들을 분석하고, 연구하고, 심문하라.
경쟁이 비즈니스 정글에 양분을 제공해 주는 햇빛 같은 존재라는 사실을 인정해라. 고통과 대면했을 때와 마찬가지로, 경쟁을 대면할 때면 경쟁 상대 또한 결함이 있음이 보인다. 경쟁자가 꼭 당신보다 더 똑똑하거나, 더 열심히 일한다는 법은 없다. 경쟁자를 분석하고 심문하면서 서로의 차이를 짚어내고 당신의 스타트업이 이길 수 있는 영역을 골라내라.

> 잠깐 멈춰서 생각해 보자:
> 어떻게 하면 경쟁자에 대해 더 많이 알아낼 수 있을까?

2단계: 시장을 세분화하라.
시장을 세분화한다는 것은 비슷하게 행동하거나 비슷한 욕구를 가진 더 좁은 범위의 고객군으로 시장을 나눈다는 뜻이다.

> 잠깐 멈춰서 생각해 보자:
> 어떻게 시장을 세분화하면 좋을까?

3단계: 당신의 포지셔닝을 선택하라.

회사나 제품을 포지셔닝 한다는 것은 어떤 공간에서 사업을 운영할지, 그리고 어떤 욕구를 가진 고객을 깊이 있게 충족시킬지 선택한다는 뜻이다.

당신은 '왜 선택을 해야 하지? 모두가 사려고 하는 제품을 만드는 게 낫지 않나?'라고 생각할지도 모른다. 글쎄, 아래 내용을 살펴보자.

포지셔닝 문구를 만들 때 다음 4가지 질문에 대답해 보면 좋다.

1. **당신의 고객은 누구인가?** 누가 당신의 제품 또는 서비스를 구매할 것인가?
2. **당신의 스타트업이 업계에서 가장 뛰어난/최고의/유일한 회사인 이유는 무엇인가?** 당신의 스타트업은 무엇인가? 문제를 어떻게 해결하려고 하는가?
3. **당신의 스타트업에서 제공하는 주요 혜택은 무엇인가?** 고객이 경쟁자 대신 당신을 선택할 이유는 무엇인가? 당신의 스타트업의 특별한 집중 분야 또는 초능력은 무엇인가?
4. **당신의 스타트업은 개인적인 측면에서 궁극적으로 어떤 중요하고, 의미 있고, 초월적인 혜택을 당신에게 안겨주는가?** 당신은 왜 소중한 인생을 이 일에 바치려고 하는가?
5. **마지막으로:** 당신의 회사를 포지셔닝 해야 하고, 각각의 제품도 포지셔닝 해야 한다. 회사의 포지셔닝은 적절히 포지셔닝 된 회사의 제품들을 모두 포괄해야 한다.

4단계: 당신의 스타트업에 관심을 다시 집중시켜라.

경쟁은 비즈니스의 자연스러운 과정이지만, 창업자는 남과 자신을 끝없이 비교하는 것을 삼가야 한다. 경쟁자 엿보기가 끝나면 당신의 스타트업으로 모든 관심을 가지고 돌아와야 한다.

스타트업은 울타리 너머를 훔쳐보는 능력이 아니라 당신이 당신의 일에 집중하는 힘을 기반으로 성장한다.

명상 가이드: 정원 안에 자리 잡기

숨을 깊이 들이쉬고 저와 함께 당신의 마음속에 있는 정원으로 여행을 떠납시다. 이 정원 안에서 당신은 다양한 나무, 식물, 꽃을 발견합니다.

고개를 들어 태양을 바라보세요. 이제 고개를 숙여 식물을 바라보세요. 어떤 식물에 햇빛이 닿는지 살펴보세요. 모든 식물에 돌아갈 햇빛이 충분히 있답니다.

이제 땅을 내려다보세요. 그런 다음 주변에 피어난 꽃, 나무, 식물을 다시 바라보세요. 이 모든 것들이 어떻게 땅속에서 영양분을 받아들이고 있는지 주목해 보세요. 땅속에는 이 모든 것을 배부르게 할 양분이 충분히 있습니다.

정원 안에 앉아보세요. 경쟁자들을 이 정원 안에 있는 다른 나무, 식물, 꽃이라고 생각해 보면 어떨까요? 모두에게 돌아갈 햇빛, 물, 영양분이 충분히 있다고 생각할 수 있지 않을까요?

이제 이 정원 안에 누워보세요. 파란색 꽃이 저쪽에 있는 나무가 햇빛을 모두 빼앗아가고 있는 건 아닐까 심각하게 고민할까요? 파란색 꽃은 파란색 꽃으로 사는 것에 대해 생각합니다. 이 정원 안에 자기 자리가 있다는 것에 대해 생각합니다. 이 정원 안에 혼자 있는 게 아니라 정원의 일부로 존재한다는 사실에 평온함을 느낍니다. 파란색 꽃이 해야 할 유일한 일은 자신의 삶을 최대한 활용하는 것입니다.

당신과 당신의 스타트업도 마찬가지입니다. 이 시장에 누가 있는지와 상관없이 당신의 스타트업에 돌아갈 햇빛, 물, 영양분이 충분히 있다는 것이 보이시나요?

당신이 해야 할 유일한 일은 스타트업의 영향력과 가치를 최적화하는 것입니다. 파란색 꽃처럼 지내면서 계속 나아가세요. 정말 중요한 단 하나의 일, 스타트업의 삶을 최대치로 이끌어내는 일만 생각하면서 말이죠.

◐◑ 한눈에 보기

- 시장에서의 포지셔닝을 설정하기 위해 경쟁자를 살펴보아라.
- 모든 사람을 만족시키려고 하지 말아라. 해결하려는 문제가 무엇인지, 그리고 누구를 위해서 그 문제를 해결하려고 하는지 구체적으로 명시하라.
- 당신의 고객, 당신이 해결할 문제, 당신이 제공할 혜택, 그리고 당신의 회사가 존재하는 목적을 명시한 포지셔닝 문구를 작성하라. 시장에서 추가적인 영감을 받으면서 그 문구를 계속 검토하라.
- 여유로운 사고방식을 갖춰라. 비즈니스 정글에는 시장에 사는 생명체 대부분을 성장시키고 보살필 흙과 햇빛이 충분히 있다.
- 경쟁자 엿보기가 끝나면 당신의 스타트업이 가진 영향력과 가치를 최적화하는 일로 돌아와 여기에 관심을 쏟아야 한다.

7장
성장을 위한 고용을 하라

나는 학습이 스타트업 발전의 필수 요소라고 생각한다.

– 에릭 리스 Eric Ries, 『린 스타트업』

현장 속으로

"샤론은 6년 동안 일을 안 했어." 친구 캐롤라인이 말했다. 그는 내가 그의 말에 흥미를 잃을까 봐 두려운 듯 조심스럽게 말했다.

"쌍둥이 아이들을 키우려고 일을 그만뒀대." 캐롤라인이 말을 이어갔다. "내가 직접 만나봤는데 정말 좋은 사람이었어. 왠지 시커 헬스랑 잘 맞을 것 같다는 느낌이 들어. 연락처 알려줄까?"

대부분의 창업자는 이런 상황에서 어떻게 할까? "캐롤라인, 정말 고마워. 생각해 볼게."라고 말한 뒤 전달받은 이력서를 '기타' 폴더에 넣고 이 대화를 까맣게 잊어버릴 것이다. 사실상 대부분의 스타트업이 정착된 미국 기업과 같은 방식으로 채용한다. 그들도 유수 대학에서 교육을 받고, 관련 업종에서 지속적인 업무 경력을 쌓았으며, 외부적인 성과와 평판을 전반적으로 중요하게 생각하고, 언제나 일할 수 있는 사람을 원한다.

하지만 나는 창업 첫날부터 이런 식으로 채용하지 않았다. 시커 헬스에서 하는 일은 업계에서 굉장히 새로운 것이었기 때문에 애초에 채용 후보 중에 관련 경험이 많은 사람이 거의 없었다. 그리고 경험이 있는 사람은 연약한 스타트업과 함께 하기엔 너무 위험을 회피하는 성향을 가지고 있었고, 과도하게 높은 연봉을 요구했다.

대신 나는 내가 '빈 서판blank slates'이라고 부르는, 의욕이 넘치고 능력 있으면서도 이 새로운 거래에 대해 배우려는 자세를 갖춘 사람을 채용하려고 했다. 투지가 있는 사람을 찾았다. '이 사람은 어려움과 맞닥뜨렸을 때 인내심을 발휘하며 계속 나아갈까?' 성장적 사고방식을 갖춘 사람을 찾았다. '이 사람은 배우고 성장할 사람일까?' 공감할 줄 아는 사람을 찾았다. '이 사람은 희귀병 환자들, 그리고 임상 시험에 이 환자들을 등록시키려고 노력하는 사람들에게 동정심을 가지고 공감할 수 있을까?'

캐롤라인과 나눈 대화에는 가능성이 가득했다. 우선, 이번 기회에 빈 서판을 계속 고용할 뿐 아니라 내 스타트업 시커 헬스를 활용해 채용에 관한 전통적인 고정관념을 깰 수 있었다. 채용의 영역에서 내 사업을 통해 일터로 복귀하고자 하는 능력 있는 여성을 복귀시킬 수 있다면 그만큼 가치 있는 일도 없을 것이라고 생각했다.

샤론을 직접 만나자마자 캐롤라인이 그를 추천한 이유를 알 수 있었다. 샤론은 육아를 위해 퇴직하기 전에 뛰어난 업무 경험을 쌓았다. 게다가 샤론에게서 적극적인 자세와 따뜻한 마음이 뿜어져 나왔다. 샤론은 더 많은 환자에게 임상 시험에 대한 접근성을 높이고 중요한 치료제의 개발을 가속하겠다는 우리 회사의 목표를 듣고 얼굴이 환해졌다. 그는 이 사업에 대해 배울 준비가 되어 있었다.

하지만 내가 샤론에게서 발견한 가장 중요한 자질은 공감 능력이었다. 나는 다른 채용 후보들과의 면접에서 매번 그래왔듯 샤론이 고객과 교류하는 과정을 떠올렸는데, 그가 주어진 일을 온전히 이해한 후 우리 회사의 해결책을 전달하면서 고객을 기쁘게 만드는 모습이 그려졌다.

더 나아가, 나는 내 스타일과 균형이 맞는 팀원을 채용하려고 했는데 샤론의 차분하고 성실한 태도는 나의 불같은 성격을 잘 상쇄시킬 것 같았다.

시커 헬스를 창업한 첫해에 샤론을 채용해서 업무를 가르쳤는데, 시간이 지날수록 그의 업무 범위가 확장되고 변화했다. 그때부터 우리는 진정한 윈윈win-win을 경험했다. 샤론은 유연한 일정으로 즐겁게 일할 기회를 얻었고 나는 그에게 회사의 고객 관리와 소프트웨어 개발에 핵심적인 역할을 맡겼다. 그는 지금까지도 시커 헬스에 남아 실행 부서의 간부직을 맡고 있다.

대부분의 창업자는 경력 단절이 없는 구직자를 뽑았을 것이다. 대부분의 창업자는 한 명의 능력 있는 파트타임 직원 대신 세 명의 풀타임 직원을 고용했을 것이다. 이들은 좋은 기회를 놓친 것이다.

가르침: 성장적 사고방식, 목표, 그리고 균형을 중시하라

처음 고용하는 직원 몇 명은 스타트업의 성장을 가능하게 하는 새로운 가족이 된다. 이 첫 직원들은 매우 중요하다. 『Traversing The Traction Gap』에서 브루스 클리브랜드Bruce Cleveland는 이렇게 말했다. "당신은 CEO와 창업자들의 입에서 제품이 전부라는 말이 나오길 기대할지도 모른다. 만약 그렇다면, 당신은 틀렸다. 좋은 사람들과 확실한 고객에 대한 집중은 물론 수익, 매출, 성장을 향한 길이 뒷받침되지 않는다면 회사는 제품만으로 승리할 수 없다." 클리브랜드가 사람을 가장 먼저 언급한 것은 우연이 아니다.

궁극적으로 채용이란 가치를 교환하는 행위이며, 여기에서 가치가 언제나 돈인 것은 아니다. 이전 경력, 빛나는 학력, '밤낮을 쉬지 않고 일할 수 있는가'라는 질문이 포함된 전통적인 채용 규칙 대신 배우고, 성장하고, 인내하고, 고객을 기쁘게 하고, 당신과 균형이 맞는 팀을 구축하는 것에 집중해 보아라.

팀원 채용 시 살펴볼 자질

첫째, 성장적 사고방식이 있는 사람인지 살펴보아라. 『마인드셋: 원하는 것을 이루는 태도의 힘』에서 캐럴 드웩Carol Dweck은 고정적 사고방식과 성장적 사고방식에 관해 이야기한다. '고정적 사고방식'이란 인간이 재능, 기술, 성격, 창의력을 선천적으로 가지고 태어나며 후천적으로 이 특성들이 의미 있는 방식으로 변화할 수 없다고 가정한다. '성장적 사고방식'은 이 모든 특성이 연습과 의식적인 노력을 통해 개선되고 구축될 수 있다고 믿는다.

성장적 사고방식을 가진 개인들은 스스로의 힘으로 변화하고 발전할 수 있다고 믿으며, 배움에 더 열정적이고, 실패를 발전의 기회로 삼는다.

반면, 고정적 사고방식을 가진 사람들은 자신이 변화할 수 없다고 믿으며 일반적으로 그 예언을 스스로 충족시킨다. 그들은 인정을 갈구하지만 일이 원하는 방향으로 빠르게 진행되지 않으면 포기한다.

성장적 사고방식을 가진 잠재적 팀원에게 느껴질 만한 태도 몇 가지를 소개하겠다.

- 나는 배우고 성장할 능력이 있다.
- 나는 실패를 배움의 기회로 삼는다.
- 나는 스스로 노력했기 때문에 이 일을 잘하게 되었다.
- 나는 더 잘하기 위해 노력할 의향이 있다.

- 나는 도전을 환영한다. 도전을 통해 더 많이 배울 수 있기 때문이다.
- 나는 피드백을 환영한다. 피드백을 통해 능력을 향상할 수 있기 때문이다.
- 나는 발전하는 중이다.

어느 정도의 범위까지는 그 사람이 지금 앞에 놓인 업무를 습득할 의향이 있고 배울 수 있는 한 이전에 무엇을 했는지는 별로 중요하지 않다.

둘째, 스타트업의 목표에 믿음을 가지고 있는 사람인지 살펴보아라. 이 기본적인 질문에 대답해 보면 좋을 것이다. 이 사람은 당신의 회사가 달성하고자 하는 일에 열광하고 있는가? 참고로 이 질문은 '예' 또는 '아니오'로 답할 수 있다. 이 질문에 대한 대답이 '잘 모르겠다'라면 '아니오'라는 뜻이다.

면접자에게 당신의 스타트업에 대한 믿음이 있는지 확인할 때 활용할 수 있는 질문 몇 가지를 살펴보자.

- 면접자가 머리, 마음 등 모든 방면에서 당신의 스타트업을 흥미롭게 생각하는 것 같은가?
- 면접자가 관련 있는 질문을 하면서 관심과 호기심을 내비치고 있는가?
- 면접자는 당신의 스타트업에서 일하는 것을 자신의 소중한 시간과

인생을 의미 있게 사용하는 방법이라고 생각하는가?
- 문제가 발생했을 때 면접자가 당신의 스타트업이 하는 일에 이 정도로 헌신할 가치가 있다고 생각하며 궁극적으로 계속 나아갈 방법을 찾을 것 같은가?

셋째, 팀의 균형을 맞춰줄 성향이 있는지 살펴보아라 당신, 그리고 궁극적으로는 팀 전체의 균형을 맞춰줄 성향이 있는지, 발산하는 에너지가 흘러넘치거나 꽉 막혀 있지 않고 적당히 중심을 잡고 있는지 살펴보아라. 두 가지 접근법에 대해 자세히 살펴보자.

에브리씽 디스크Everything DiSC[1]로 성향의 균형 맞추기

에브리씽 디스크 프로필은 사람들의 성향 차이를 논의할 때 활용되는 객관적인 도구다. 모든 사람이 성장하고 영향력을 펼칠 수 있지만, 각자 특정 성향을 지니고 시작한다. 균형 잡힌 팀을 만드는 첫 단계는 스스로의 성향 프로필을 이해하는 것이다. 디스크는 사람들을 아래와 같이 사등분된 원의 한 조각으로 분류한다.

---

[1] Everything DiSC® © 2014 by John Wiley & Sons. 에브리씽 디스크의 등록 상표는 John Wiley & Sons에 있으며, John Wiley & Sons가 모든 권리를 보유한다. 무단전재와 복제를 금한다. www.everythingdisc.com을 방문하면 John Wiley & Sons에 대한 더 많은 정보를 찾아볼 수 있다.

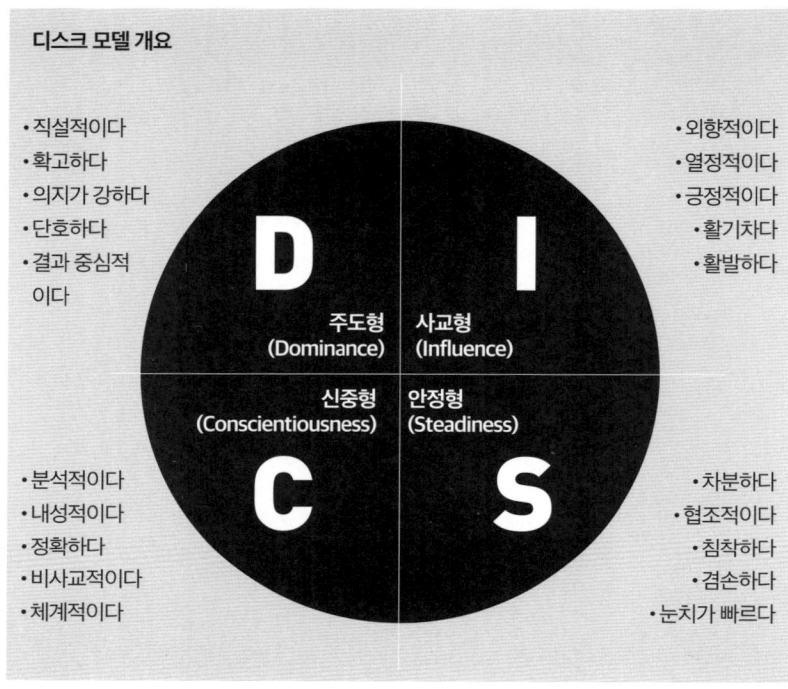

- **왼쪽 위: 주도형 (D)** 주도형인 사람은 목표 달성, 핵심, 자신감을 중요시한다.
- **오른쪽 위: 사교형 (i)** 사교형인 사람은 다른 사람에게 영향력을 미치거나 설득하는 것, 개방성, 관계를 중요시한다.
- **오른쪽 아래: 안정형 (S)** 안정형인 사람은 협동, 진정성, 신뢰성을 중요시한다.
- **왼쪽 아래: 신중형 (C)** 신중형인 사람은 품질, 정확성, 전문성, 능력을 중요시한다.

에브리씽 디스크 검사를 완료한 뒤, 만약 당신이 남들에게 영향력을 행사하려고 하거나 남을 설득하려고 노력하고, 목표를 향해 자신 있게 돌진하는 사교주도형iD 스타일이라면 균형을 맞춰줄 사분면 아래쪽 성향의 사람 몇 명을 고용하는 편이 좋을 것이다. 각 스타일에는 맹점이 있기 마련이므로 반대되는 스타일의 사람들을 고용하면 그들은 당신이 생각하지 못한 방식으로 문제에 접근해 당신이 발견하지 못한 부분을 발견해 줄 것이다.

처음에 직감만으로 고용했었던 샤론과 함께 일한 지 몇 년이 지났을 때 디스크 검사를 했는데, 결과가 어떻게 나왔는지 아는가? 그녀는 나의 사교주도형 스타일과 완벽한 반대인 신중형C이었다. 내가 이미 느끼고 있었던 사실이 증명된 셈이다.

에너지 기질: 흘러넘치거나, 꽉 막혀 있거나, 중심 잡혀 있거나

균형이 맞는지 확인할 때 시도해 볼 수 있는 또 하나의 방법은 상대방의 에너지 기질을 읽는 것이다. 소울플레이 페스티벌SoulPlay Festival에서 이 주제에 대한 워크숍을 주최했던 사회학자 앨리슨 애쉬 박사Dr. Alison Ash는 특정 시점에 사람의 에너지가 아래 세 가지 상태 중 하나일 것이라고 말한다.

- **흘러넘치는 상태**. 에너지가 흘러넘치는 사람은 과하게 열정적이다. 일이나 상호작용을 다소 과하게 갈구한다. 상대방은 부담스러워하며 더 편안한 거리를 만들기 위해 뒤로 물러선다.

- **꽉 막힌 상태.** 에너지가 꽉 막힌 사람은 무관심하다. 단절감과 거리감이 느껴진다. 상대방은 이 사람과 거리가 너무 멀리 떨어져 있다고 느끼고, 더 가까워지려고 하거나 완전히 뒤로 물러나 버린다.
- **중심 잡힌 상태.** 에너지가 중심 잡힌 사람은 열정이 흘러넘치지도 꽉 막히지도 않는다. 사람의 마음을 끄는 열린 분위기를 풍긴다. 이런 에너지를 받는 상대방도 중심 잡힌 상태를 유지할 수 있고, 더 가까워지거나 뒤로 물러나야 한다는 생각을 하지 않는다.

면접 과정에서 모은 데이터와 직감을 활용하여 면접자가 당신의 스타일과 균형이 맞고 직무에 중심이 잡힌 상태로 접근할 수 있을 것인지 예측할 수 있다. 돌이켜보니 시커 헬스와 맞지 않았던 팀원 몇 명은 과하게 열정적인 에너지를 쏟아내는 사람들이었다. 이 친구들은 너무 많은 에너지를 가지고 있었던 탓에 에너지가 흘러넘쳤고, 집중하지 못했을 뿐 아니라 고객과 다른 팀원들을 부담스럽게 만들었다.

회사가 성장해서 더 큰 규모의 팀을 만들 때도 이 도구를 팀장과 팀원의 균형을 확인하는 데 계속 활용할 수 있다. 연구에 의하면 객관적으로 측정될 수 있는 업무를 할 시 다양한 성향의 사람들이 모인 팀은 그 성과에 대한 자신감이 떨어질지언정, 실제로는 비슷한 성향의 사람들이 이룬 팀보다 더 좋은 성과를 낸다고 한다.[2] 다양성이 있는 팀

---

2 캐서린 필립스Katherine W. Phillips, 케이티 릴젠퀴스트Katie A Liljenquist, 마거릿 닐 Margaret A. Neale, "감내할 만한 가치가 있는 고통인가? 사회적 특성이 다른 신입 인원과

을 만들고 그에 따라 초기에 나타날 수 있는 불편함을 참는 고통은 감내할 만한 가치가 있을 것이다.

마지막으로, 팀을 소규모로 유지하라. 회사가 성장할수록 대부분의 사람이 마치 직원 수가 많으면 많을수록 좋다는 듯 당신이 고용한 직원 수를 언급하며 회사 규모가 얼마나 되는지를 가장 먼저 물을 것이다.

이런 문화에 따라 스타트업 창업자로서 당신은 최대한 빨리 팀을 최대 규모로 확장해야 한다는 압박을 느낄 것이다. 팀의 규모를 거대하게 키우라는 압박에 저항하라. 머릿수가 많다고 좋은 것이 아니다.

소규모 팀에는 장점이 많다.

- 팀원들이 더 광범위하고 흥미로운 일을 하면서 더 많은 고객, 기능, 기회, 도전에 노출된다.
- 고객 업무에 소수의 팀원만이 투입되면 해당 고객과 상호작용 할 때의 능률이 더 올라간다.
- 소규모 팀은 인적 자원에 제한이 있다는 사실을 이해하기 때문에 자동화에 더 개방적이다.
- 소통이 더 잘 된다.

잘 지내는 데서 발생하는 혜택과 골칫거리. Is The Pain Worth the Gain? The Advantages and Liabilities of Agreeing with Socially Distinct Newcomers," *Personality and Social Science Bulletin 35*, 3호, (2009년 3월): 336-50

- 지급해야 할 급여가 더 적다.
- 직원당 매출이 더 높다.
- 직원당 수익이 더 높다.
- 스타트업의 생존 기간을 더 늘릴 수 있다.

지금까지의 설명처럼 당신은 스타트업이 성장에 필요한 인력을 갖출 수 있도록 적당한 (직원이 과하게 많지도, 적지도 않은) 가운데 길을 찾으려고 해야 한다.

마지막으로, 어떤 공식이 아닌 당신 스타트업의 수요에 따라 고용하라는 말을 하고 싶다. 그리고 당신의 스타트업이 성장함에 따라 이 수요도 진화한다는 사실을 기억하라.

명상 가이드: 각 팀원이 지닌 가치 알아보기

숨을 깊이 들이쉽니다. 몸속으로 에너지를 다시 불러들입니다. 숨을 한 번 더 쉬고, 당신의 의식을 마음속으로 불러들입니다. 지금 당신의 마음은 얼마나 열려 있나요?

제가 티아 클라라$^{Tia\ Clara}$라고 불렀던 이모에 관한 이야기를 하나 들려드리려고 합니다. 아주 오래전에 티아 클라라 이모가 '정상이 아니다'라는 말을 들었던 기억이 있습니다. 아무도 정확한 진단을 내리지 못했지만, 이모에게는 분명히 발달지체가 있었습니다. 이모는 정보를 잘 기억하지 못했고, 고등학교를 졸업하지 못했으며, 직업이 없었습니다.

이모에게 직업이 필요했기 때문에 어머니께서 이모를 위해 일을 만들어주었습니다. 이모가 할 일은 어머니께서 직장에 나가 일하는 동안 학교가 끝나면 저와 제 남동생들을 데리러 와주는 것이었습니다. 이모가 할 일은 저희를 공원으로 데려가 모퉁이에 있는 빵집에서 저희가 거스름돈 세기를 돕는 동안 빵을 사주는 것이었습니다. 이모에게는 직업이 있었습니다. 이모의 직업은 저희를 사랑하는 일이었습니다. 이로 인해 저는 다음과 같은 생각을 하게 되었습니다. '이모가 직업을 유지하고 일을 잘 할 수 있다는 사실이 이 세상의 다른 사람들에게 시사하는 바는 무엇일까?'

당신의 마음속으로 여행을 떠나봅시다. 당신에게 이렇게 묻고 싶습니다. 어떤 사회적 울타리를 마음속에 세워두었나요? 이 울타리는 어떻게 사람들이 들어오지 못하게 가로막고 있나요? 이 울타리는 어떻게 당신이 각 개인이 지닌 가치를 알아보지 못하도록 가로막고 있나요?

이제, 이 울타리 중 하나에 가까이 걸어가 봅시다. 그 울타리는 쉬지 않고 계속 일하는 사람이야말로 채용할 가치가 있는 사람이라고 말하고 있을지도 모릅니다. 아니면 아이비리그 졸업장이 있어야 당신의 스타트업에서 일할 수 있다고 말하고 있을지도 모릅니다. 어쩌면 당신에게는 특정 스타일의 사람을 선호하는 경향이 있는지도 모릅니다. 이 울타리 때문에 거절해왔던 사람들이 어떤 유형인지 살펴보세요.

숨을 깊이 들이쉽니다.

이제 어떻게 하면 이 마음속 울타리를 무너뜨릴 수 있을지 생각해 보세요. 이 울타리를 그대로 둘지 없애버릴지는 당신이 결정합니다.

당신의 마음속, 더 크게 열린 당신의 마음속으로 숨을 들이쉽니다. 어떤 울타리를 계속 세워둘지는 당신이 결정합니다.

앞에 있는 사람 각자가 지닌 가치를 보기 위해 마음을 열 것인지 결정하는 것은 당신의 몫입니다.

●● 한눈에 보기

- 당신의 스타트업에서 일할 후보를 평가할 때는 그 사람에게 성장하고자 하는 의지와 회사의 목표에 대한 열정이 있는지 살펴보아라.
- 당신이 고용할 사람들은 성장하고, 실패로부터 배울 줄 알며, 타고난 재능보다 일과 인내심을 더 중요시해야 한다.
- 당신이 가진 성향의 유형을 이해하기 위해 디스크(DiSC) 검사를 해보고, 이를 당신의 성향과 균형이 맞는 사람들을 고용하는 가이드로 활용해라.
- 채용 후보의 에너지를 평가하라. 에너지가 흘러넘치거나 꽉 막혀 있지 않고 중심이 잡혀 있는지 확인하라.
- 효율성과 지속가능성을 극대화하기 위해 팀을 소규모로 유지하라.

8장
닫힌 문이 길을 보여준다

더 긍정적인 경험을 하려는 욕망 자체가
부정적인 경험이다.
그리고 역설적이지만,
부정적인 경험을 받아들이는 것이
곧 긍정적인 경험이다.

– 마크 맨슨Mark Manson, 『신경 끄기의 기술:
인생에서 가장 중요한 것만 남기는 힘』

현장 속으로

Ya va a pasar. 스페인어로 '이 또한 곧 지나가리라'라는 뜻이다. 어떤 유형의 고통이든, 고통받는 사람을 위로할 때 아버지가 즐겨 사용했던 구절이다. 남동생이 넘어져서 고통스러워하며 움츠러들고 있을 때도 'Ya va a pasar'. 이모가 취직이 안 된다며 속상해하고 있을 때도 'Ya va a pasar'. 아버지의 철물점에 온 고객이 먹고살기가 얼마나 힘든지 털어놓을 때도 'Ya va a pasar'.

세월이 지나면서 이 구절이 표면상의 소박한 낙관주의를 넘어 무언가 더 심오한 의미를 담고 있다는 것을 이해하게 되었다. 우리 주변에 있는 모든 것은 언제나 변화하고 있고, 고통의 이유가 변화하지 않더라도 다른 무언가가 변화해 그 고통을 완화해 줄 수 있다. 희귀 유전병을 앓는 아이를 사랑하고 아이를 위해서라면 무엇이든 할 수 있는 부모의 경우, 아이의 병이 영원히 완치되지 않는다고 하더라도 다른 무언가가 변화해 그들에게 희망을 안겨줄 수 있다. 이를테면 신규 치료제가 개발되거나, 새로운 지원을 받아 난관을 버텨나갈 수 있게 되는 경우 말이다.

시커 헬스를 창업하는 과정에서 불운한 사건이 연속적으로 발생하며 나는 고난의 본질을 파악하는 경험을 쌓게 되었다. 첫 번째 시련은 데이터 수집과 관련하여 환자 변호 단체로부터 받은 항의였다. 문이 쾅! 소리를 내며 눈앞에서 닫혔다. *이 일도 곧 지나갈 것이다.* 다음은 시커 헬스가 아닌 다른 브랜드 운영으로의 사업확장 기회를 논하던 중에 발생한 신규 고객과의 의사소통 오류였다. 쾅! 또 하나의 문이 닫혔다. *이 일도 곧 지나갈 것이다.* 마지막으로, 정지명령서를 통해 우리 서비스명이 다른 서비스 회사명과 너무 비슷하다는 소식을 전달받았다. 쾅! 쾅! 쾅! *정말 이 일도 곧 지나갈까?* 의문이 들기 시작했다.

다행히도 이 사건들 모두 시커 헬스와 직접적인 연관이 없었다. 이 문들은 내가 시도해 보기로 한 두 번째 파일럿 제품 앞에서 닫히고 있었다. 나는 지금까지 내가 파일럿 프로젝트 앞에 문이 닫혀도 견뎌낼 수 있는 사람이라고 생각했다. 하지만 그때 당시 나는 바닥에 쓰러져서 숨을 헐떡이며 스스로에게 이런 질문을 하고 있었다. "내가 뭘 잘못했지? 이 고통을 멈추려면 어떻게 해야 하지?"

나는 이렇게 된 이유를 알고 있었다. 임상 시험 비즈니스의 빠른 성장 속도와 함께 내 자신감도 불어났다. 바이오제약 시장 안에서 우리 회사의 환자 구인 접근법을 활용할 수많은 미개척 영역을 발견하면서 나는 새로운 수요를 확인했고 이 수요를 향해 달려들었다. 이 파일럿 프로젝트에는 위험이 내재하고 있었으므로, 시커 헬스와 완전히 다른 브랜드로 운영하기로 했다. 우회했던 짧은 기간 동안 내렸던 결정 중에 유일하게 잘한 결정이었을 것이다.

이 프로젝트를 시작하고 한 달이 채 지나지 않았을 때 세 개의 문이 내 눈앞에서 닫혔다. 나는 난관을 크게 신경 쓰지 않는다. 시커 헬스를 시작한 이래로 고객의 체납, 늘어지는 법률 계약 일정, 소프트웨어 버그, 품질 보증 문제 등 수많은 난관을 지나왔기 때문에 웬만한 난관 앞에서는 눈 하나 깜짝하지 않았다.

하지만 이번에 닫힌 문들은 다르게 느껴졌다. 이 문들은 무거운 금속으로 만들어진 것처럼 느껴졌고, 복잡한 잠금장치가 걸려 있는 것 같았다. 이번 난관은 사죄하거나, 새로운 기능을 추가하거나, 실행 방식을 개선해서 극복할 수 있을 만큼 간단하지 않았다. 이 닫힌 문들은 기초적인 제품/시장 적합성의 문제를 지목하고 있었다. 이 문제는 새로운 전략을 짠다고 해결되지 않는, 판을 뒤엎어야 하는 사안이었다. 이 문들이 닫힘으로써 사업 관계가 엉망이 되고 상황을 다시 돌이킬 수 없게 될까 봐 마음속 깊이 걱정됐다. 이 닫힌 문들은 누군가 배를 발로 차거나 얼굴에 주먹을 날린 것처럼 나를 아프게 했다. 이 닫힌 문들은 '잘못된 길입니다'라고 경고하는 형광색 간판처럼 보였다.

이 닫힌 문들이 나와 내 스타트업에 일어난 최고의 일이라고 말하지는 않을 것이다 (너무 고통스러웠기 때문에 도저히 그렇다고 말할 수가 없다). 내가 말할 수 있는 건 이 닫힌 문들을 통해 (마치 고통스러운 수술을 받고 났을 때와 비슷한 방식으로) 도움을 받고 많은 걸 배울 수 있었다는 것이다. 이 닫힌 문들 덕분에 나는 다시 임상 시험 관련 서비스에 정신을 집중하게 되었다. 그때는 사업을 확장할 시기가 아니었고, 그 파일럿의 방향으로 갈 시기는 더욱 아니었다. 대신 한곳에 계속 집중하고 더 깊이 파고들 타이밍이었다. 그 이후 나는 주의를 분산하기보다 시커 헬스가 다시 한 번 지속해서 성장하고 목표를 달성할 수 있도록 몰입했다.

이 닫힌 문들을 통해 '난관'과 '닫힌 문'을 구분하는 방법, 언제든지 이 두 가지 사건이 동시에 발생할 수 있다는 점, 그리고 둘 중 하나와 마주하고 난 뒤에 다시 성장 궤도에 올라타는 방법을 배울 수 있었다.

가르침: 좋은 소식인지 나쁜 소식인지 어찌 알겠소?

농부가 데려온 말이 얼마 지나지 않아 도망쳤다.
"나쁜 소식이군." 이웃이 말했다.
"좋은 소식인지 나쁜 소식인지 어찌 알겠소?" 농부가 대답했다.
도망쳤던 말이 말 한 마리를 더 데리고 돌아왔다.
"좋은 소식이군!" 사람들이 말했다.
"좋은 소식인지 나쁜 소식인지 어찌 알겠소?" 농부가 대답했다.
농부가 두 번째 말을 아들에게 주었는데,
아들이 말을 타다가 떨어져서 다리를 심하게 다쳤다.
"나쁜 소식이군. 유감일세." 이웃이 걱정스러워하며 말했다.
"좋은 소식인지 나쁜 소식인지 어찌 알겠소?" 농부가 대답했다.
일주일 뒤, 황제의 지휘관들이 와서
모든 건강한 청년을 전쟁에 내보내려고 징집해갔다.
농부의 아들만 면제되었다.

중국 격언

어려움을 맞이할 준비를 해라. 스타트업에서 불쾌한 경험과 고통은 고정값이다. 부정적으로 느껴질 경험을 당연히 마주하게 될 것이다. 그리고 마주하는 부정적인 경험을 차별화하는 능력은 당신이 기회를 최대치로 활용할 수 있게 도와줄 것이다.

우선, 난관을 만날 것이다. 난관은 당신의 앞길을 가로막는 문제들이다.

이 문제들은 해결할 수 있다. 일부 문제에는 더 많은 시간과 관심이 필요하겠지만, 해결책은 곧 나타날 것이다. 난관은 당신의 스타트업을 발전시킬 것이다. 난관을 극복하면 시장에서 가치 있는 새로운 초능력을 찾게 될지도 모른다.

다음으로, 닫힌 문을 만날 것이다. 닫힌 문은 벽돌로 지어진 벽처럼 느껴질 것이며, 당신의 앞길을 막으며 에너지를 다른 방향으로 돌리라는 메시지를 보낼 것이다. 닫힌 문은 해결하기 어렵다. 물론 언젠가 이 닫힌 문을 열 수 있을지도 모르지만, 이 시기에 그러기 위해서는 시간이나 노력, 돈을 터무니없이 많이 투자해야 할 것이다.

당신이 마주한 문제가 난관인지 닫힌 문인지 구분하는 것은 스타트업에 매우 중요하다. 아래는 두 가지의 구분법을 정리한 커닝 페이퍼다.

속성	난관	닫힌 문
문제 정의	길 위에 놓인 물체	길을 가로막는 구조물
문제 해결 가능성	중간, 높음	낮음, 매우 낮음
문제의 시각적 형상	장애물	벽돌로 지어진 벽
문제 해결을 시도한 이후 당신에게 나타나는 변화	더 강해진다.	더 약해진다.
이 문제가 당신에게 주는 메시지	당신은 난관을 극복할 수 있다. 당신은 성장하고 번창할 것이다.	당신은 노력을 다른 곳에 쏟을 수 있다. 당신은 성장하고 번창할 것이다.

당신은 오늘 발생한 사건이 전체적인 그림에서 어떤 의미를 지녔는지 알 수 없다.

최종 결과는 계속해서 변화하므로 어떻게 나타날지 알 수 없다. 따라서 매우 부정적인 것처럼 보이는 사건이, 지금은 이해할 수 없는 방식으로, 나중에는 당신을 구원해 주는 긍정적인 경험으로 바뀔 수 있다. 그러므로 난관과 닫힌 문의 형태로 나타나는 부정적인 경험을 모두 반갑게 맞이해라. 난관을 활용하여 당신의 스타트업을 개선하고 닫힌 문을 활용하여 에너지의 흐름을 전환하라.

난관 앞에서 인내하는 능력이 재능보다 더 중요하다는 사실을 뒷받침하는 연구 결과가 있다.『그릿: IQ, 재능, 환경을 뛰어넘는 열정적 끈기의 힘』에서 앤절라 더크워스Angela Duckworth는 이렇게 말했다. "분야와 상관없이 특출나게 성공한 이들에게는… 투지가 있었을 뿐 아니라, '방향성'이 있었다. 이러한 열정과 인내심의 조합이 두각을 나타낸 자들을 특별하게 만들었다. 한마디로 말하자면, 그들에게는 '그릿'이 있었다." 그릿은 재능보다 더 중요하다.

연구에 따르면 우리는 어려운 상황 속에서 더 많이 배우고 기억한다. 별도로 진행된 두 연구에서 참가자들은 두 개의 그룹으로 나뉘었다. 첫 번째 그룹은 읽기 어려운 글꼴로 작성된 문서를 받았고, 다른 그룹은 읽기 쉬운 글꼴의 문서를 받았다. 두 연구는 읽기 어려운 글꼴로 인해 더 심화된 처리 과정이 기억력에 얼마나 긍정적인 영향을 미치는지 탐구했다. 첫 번째 연구는 통제된 연구실 환경에서 읽기 어려운 글꼴로 작성된 정보가 읽기 쉬운 글꼴의 문서에 비해 더 기억에 잘

남는다는 결과를 도출했다. 두 번째 연구는 이 결과를 고등학교 교실로 확장했다.[1] 주어진 과제가 어려워질수록 참여자들은 더 많은 지능을 발휘하는 것 같았고, 이는 기억력의 성과를 개선했다.

마음 챙김의 관점에서 보면 스타트업에서 벌어지는 모든 일을 성장의 토대라고 생각할 수 있다. 건설적인 사건은 당신이 그 일을 통제할 수 있는지 없는지와 상관없이 성장의 토대가 된다. 또, 파괴적인 사건 역시 통제 가능 여부와 상관없이 성장의 토대가 된다.

당신의 의도가 정직하고 명확하다고 전제했을 때, 이와 같은 마음 챙김의 관점에서 당신은 실패할 수 없고, 완전히 부서지거나 털썩 주저앉을 수도 없다. 잠재성을 세상에 펼쳐내려는 당신의 정직하고 명확한 의도를 온 우주가 이해하고 있으며, 이는 마치 당신 바로 밑에 안전망이 깔린 것과 다름없다. 만약 당신이 계속 배우고 성장하며, 상황에 맞게 적응하면서 앞으로 나아가려고 노력한다면 넘어질 때마다 분명히 이 안전망이 당신을 받쳐줄 것이다.

다만, 속임수로 안전망을 시험해 보면 안 된다는 점을 강조하고 싶다. 만약 당신이 차들이 거침없이 질주하는 5차선 고속도로를 가로질러 뛰어간다면 죽을 것이다. 이렇게 멍청한 시도로부터 당신을 구해줄 안전망은 없다.

---

[1] 코너 디에맨드-여먼,Connor Diemand-Yauman, 다니엘 오픈하이머Daniel M. Oppenheimer, 에리카 버그한 Erikka B. Vaughan, "행운은 볼드체(그리고 이탤릭체)의 편이다: 교육적 결과에 답답함이 가져다주는 효과Fortune Favors the Bold (and the Italicized): Effects of Disfluency on Educational Outcomes," *Cognition* 118, 1호 (2011년 1월): 111-115

당신의 의도는 정직하고 명확해야 한다. 생존하고, 성장하고, 도움을 주고, 창조하려는 마음이 필요하다. 그렇게 해야지만 우주로부터 또 한 번의 기회를 받을 수 있다.

난관이나 닫힌 문을 마주하고 있을 때 머릿속에 아래와 같은 질문이 끝없이 떠오르며 당신을 방해할 것이다.

- 왜 이런 일이 나한테 생긴 거지?
- 이대로 계속 나아가야 할까?
- 그럴 가치가 있는 일일까?
- 지금 그만두면 어떨까?
- 이런 매몰 비용을 고려해야 할까?
- 그냥 옛날 상사 밑에서 계속 일할 걸 그랬나?

이런 질문을 무시하고, 예상했던 이 자연스러운 저항을 극복하라. 당신은 너무 멀리 왔고, 지금은 계속 나아갈 때다.

명상 가이드: 부정적인 경험 되돌아보기

이 명상을 할 때는 떠오르는 영감을 적어둘 종이를 준비하면 좋습니다.

눈을 감으세요. 숨을 깊이 들이쉽니다. 몸 밖의 활동에 소모했던 에너지를 다시 안으로 불러들입니다. 숨을 한 번 더 들이쉽니다. 4초 동안 숨을 참고, 내쉬면서 남은 방해 요소를 모조리 내뱉습니다. 당신은 여기 지금 이 순간에 존재합니다.

내면을 의식한 상태로 당신이 인생에서 '부정적인 경험'이라고 불렀던 사건들을 떠올려보세요. 지금쯤 실망했던 일, 상심했던 일, 무언가를 잃어버렸던 일 등 꽤 여러 가지 기억이 떠올랐을 겁니다. 이제 부정적이라고 생각한 사건 중 한 가지를 고릅니다. 무슨 일이 일어났든 간에, 당신은 분명히 이 경험을 하면서 외로움, 두려움, 충격, 혼란을 느꼈을 것입니다.

이 부정적인 경험을 바다에서 일렁이는 파도라고 생각해 보면 어떨까요. 파도가 형성되고, 커지고, 최고조에 달했다가, 이내 멀어지더니 사라져버립니다. 부정적인 느낌의 파도가 떠나고 난 자리에는 무엇이 남았나요? 이 난관을 극복하고 나서 더 강해졌나요? 무엇을 배웠나요? 무엇에 의해 방향을 재설정하게 되었나요? 당신은 분명 여전히 살아있고 분투하고 있습니다.

이 부정적인 경험을 인생의 일부로 받아들일 수 있나요? 정상적인 경험입니다. 예상한 경험입니다. 게다가 이 파도는 종종 선물을 가져다줍니다.

숨을 깊이 들이쉬고 눈을 뜹니다.

●● 한눈에 보기

- 스타트업의 길 위에서 예상할 수 있는 난관 및 닫힌 문과 협의하라.
- 난관은 어렵지만, 극복할 수 없는 것이 아니다. 난관을 극복하고 나면 더 강해지고 새로운 능력이 생긴다.
- 닫힌 문은 극복하기가 너무 어려워서 당신을 더 약하게 만든다.
- 당신의 집중력을 유지하고 앞으로 나아가기 위해 난관과 닫힌 문을 구분하는 방법을 배워라.

9장
최선을 다한 노력은 번아웃이 아니다

더피 씨는 그의 육체와 약간의 거리를 두고 살았다.

– 제임스 조이스James Joyce, 『더블린 사람들』

현장 속으로

내가 시커 헬스를 설립하는 동안 번아웃되지 않은 유일한 이유는 이전에 이미 번아웃을 겪어봤기 때문이다. 이전에 경험했던 번아웃은 너무 불쾌했고, 부차적인 피해를 너무 많이 동반했기에 이번에는 미리 경계하고 있었다.

   2012년으로 돌아가 보자. 나는 마린 제너럴 병원Marin General Hospital의 수술 회복실에 있었다. "쓸개가 터지기 직전이었어요. 운 좋게 살아남으신 거예요." 외과 전문의가 쓸개를 절제하고 그 안에 들어 있던 결석을 전부 제거한 뒤 나에게 말했다.

결석을 유발하는 위험요인으로는 스트레스, 임신, 독소 제거 다이어트가 있는데, 나는 이 세 가지를 전부 반복해서 경험하고 있었다. 당시 출장이 잦은 회사 일을 하며 스트레스를 잔뜩 받고 있었다. 스트레스? 체크. 아이 두 명을 출산했다. 임신? 체크, 체크. 몸무게에 예민했다. 독소 제거 다이어트? 체크, 체크, 체크.

검은 구름이 나를 통째로 집어삼킨 것 같은 느낌이 들었다. 나의 과거, 현재, 미래 모든 것이 어두워 보였다. 가끔 잠을 푹 자고 나면 나에게 직업과 아이들이 있고, 이렇게 나를 피곤하게 만들 만큼의 풍족한 삶을 살고 있다는 것이 감사하게 느껴지는 순간이 있기도 했지만, 좀처럼 헤아릴 수 없는 심경의 변화였다.

알고 보니 담석은 증상일 뿐 진짜 문제가 아니었다. 수술 후 회복이 시작되자 더 힘든 일이 기다리고 있었다. 나는 건강해지고자 하는 사람이 시도해 볼 만한 것을 모두 해보았다. 마사지, 침 치료, 기운 치료, 심리 치료를 받고, 요가와 핫요가 수련을 하고, 수없이 많은 의사와 상담을 했으며, 영양제도 챙겨 먹었다. 어떤 의사는 마그네슘을, 또 다른 의사는 프로게스테론을, 또 다른 의사는 고단백 식이요법을, 또 다른 의사는 무지방 채식 식단을 추천했다. 또 다른 의사는 내가 겪고 있는 병이 '적응 장애'라고 진단을 내리며 '이 힘든 상황을 견뎌내기 위해 소량의 항우울제를 복용해 보는 것이 어떻겠냐'라고 물었다.

그러던 어느 날, 계속해서 새로운 사람을 찾아가며 도움을 구하는 것에 지쳐가던 차에 내가 앓고 있는 병이 무엇인지 드디어 이해하게 되었다. 내가 걸린 병은 '나'였다. 어째서인지, 어딘가에서부터, 나는 워커홀릭과 완벽주의자가 되어버렸다. 어째서인지 나는 스스로를 돌보지 않고 있었다. 어딘가에서부터 나는 삶의 즐거움을 잊어버렸다. 어째서인지 나는 내 삶에 적응하지 못하고 있었다. 이 난장판을 고칠 수 있는 유일한 사람은 나였다.

내가 겪는 부적응을 해결할 논리적인 선택지에는 두 가지가 남아 있었다.

- 내 인생을 탈바꿈시키거나…
- 이미 내 인생에 들어와 있는 것들을 받아들이는 것이었다.

2014년에 나는 이 두 가지 선택지를 모두 실행하기로 했다. 많은 것을 탈바꿈시키고, 많은 것을 받아들였다.

가끔은 현실에 적응하는 것보다 변화를 일으키는 편이 쉬울 때도 있으므로 나는 이직과 이사를 했다. 아이들은 전학을 갔고, 남편과 나는 관계를 재정비하고 더 믿을 만한 보육 시설을 찾았다. 우리가 주말을 보내는 방식에 변화를 줬고, 나는 온종일 여기저기 뛰어다니는 대신 낮잠 잘 시간을 확보했다.

나는 마음속에서 그동안 의식조차 못 했던 상처들을 찾아내면서 내면을 살피는 데 더 많은 시간을 투자했다. 나는 100점 만점인 시험에서 왜 98점을 맞았냐는 질문을 받았던 날 이후로 항상 스스로가 '충분하지 않다'라고 느껴왔다는 사실을 깨달았다. 갓난아기였을 때 나에게 동의를 받지 않고 내 귀를 뚫은 것에 대한 분노를 발견했다. 16살에 우루과이를 떠나면서 친구들에게 작별 인사를 하지 못한 것에 대해 후회하고 있으며, 20년이 흐른 지금에도 내가 소속된 곳이 어디인지, 고향이라고 불러야 할 곳이 어디인지 알지 못하고 선택권 없이 이민을 와야 했던 과거에 대해 여전히 힘겨워하고 있다는 것도 알게 되었다.

나는 이렇게 내 안에서 해결해야 할 문제들의 집합체를 나의 '고통 수프'라고 부른다. 수십 년간 부글부글 끓고 있었던 고통 수프에 인생은 계속해서 재료를 이것저것 추가했고, 이제는 수프의 거품이 너무 강하게 끓어오른 탓에 나 자신뿐 아니라 다른 사람들까지도 수프에 데고 있었다.

내 안을 이렇게 깊숙이 들여다보는 과정은 고통스러웠다. 나는 이 모든 게 이미 엎질러진 물이고, 누군가가 이 엎질러진 물을 닦아야 한다는 것, 그리고 그 누군가가 바로 '나'라는 사실을 알고 있었다. 이렇게 할 일이 잔뜩 밀려 있는 상황에서 어디서부터 시작해야 할지 정하기가 어려웠지만, 일단 특정 시점에 자극이 오는 것부터 해결하기 시작했다. 이민, 가난, 성차별, 트라우마⋯ 이 모든 것들이 내 안에서 정신없이 오가고 있었다.

내면으로의 여행은 고통스러웠지만, 유익하기도 했다. 이 고통스러운 감정을 온전히 마주하고 느낄 수 있게 되자 나는 내 인생의 진정한 가치와 목적을 알아내는 과정에서 진짜 나 자신과 연결되기 시작했다. 고통 속에서 의미를 찾는 것은 평화를 찾는 것을 의미했다.

내 인생의 목적은 우리 가족을 보호해 줄 안전망을 깁고 새로운 길을 개척하는 것이었다. 내 인생의 목적은 일하고, 배우고, 가르치는 것이었다. 내 목적은 회사를 설립해서 실존하는 사람들에게 영향력을 미치는 것이었다. 내 인생의 목적은 조건 없는 사랑으로 두 아이에게 엄마로서 역할을 다하고, 남편과의 관계에서 배움을 얻고, 내가 배운 것을 활용할 수 있는 사람들에게 가르쳐주는 것이었다. 내 인생의 목적은 고통으로부터 창조하고, 고통 속에서 창조하는 것이었다. 고통이 사라지기를 바라는 것은 평생이 걸릴지도 모르는 일이니까.

2015년에 시커 헬스를 창업할 기회가 주어졌을 때 나는 그 기회를 잡았고, 스스로와 약속했다. 당연히 최선을 다해 일하겠지만, 내 인생에 또 한 번의 번아웃은 없을 것이다. 나는 이미 내 인간적인 한계가 어디인지 알고 있었다.

시커 헬스를 창업하고 한걸음 한걸음 나아갔다. 바쁜 날이 이어졌고, 머릿속이 빠르게 찼으며, 어깨와 턱이 뻣뻣해지기 시작했다. 오래 지나지 않아 번아웃과의 밀고 당기기가 시작되었다. 고객 미팅 한 번만 더 하자, 특허 출원서 한 번만 더 검토하자, 이력서 한 번만 더 확인하자.

내 한계를 알고 있음에도 나는 여전히 번아웃과 아슬아슬한 줄다리기를 했다. 아래는 내가 2019년 초반에 페이스북에 게시한 글이다.

내 머리는 몸에서 필요로 하는 휴식의 양을 납득하지 못한다. 내가 이미 지쳤는데도 과도하게 일하고, 이미 할 일이 가득 차 있는데도 과도하게 약속을 잡고, 이미 발견했는데도 또 수색하는 등 작은 전투에서 계속해서 승리를 거두려고 한다. 하지만 마지막에 승리하는 것은 언제나 나의 몸이고, 나는 결국 몸이 새로운 에너지를 생산해낼 때까지 드러누워 있게 된다. 내 불쌍한 몸은 언젠가 이 전쟁에서 질 것이고, 그것이 진정한 '마지막'일 것이다. 그래서 나는 다시 침대로 돌아간다.

매번 세게 밀고 나가고 싶어 하는 나의 욕심을 어떻게 상대할지에 대해 나는 계속 배우는 중이다. 나는 일기를 쓰고, 명상을 하고, 글을 쓰고, 춤을 추고, 영감을 주는 자료를 읽는다. 사랑하는 관계를 맺는다. 휴식하고 회복할 시간을 갖는다.

요즘에 나는 앞서 스트레스에 희생당한 쓸개 없이도 잘 살고 있다. 그리고 이제 번아웃의 희생양이 될 수 있는 신체 기관이 몇 개 남지 않았다는 사실도 알고 있다.

가르침: 번아웃에 대항할 면역력을 길러라

당신은 스타트업을 위해 열심히 일해야 할 것이다. 둘러 갈 방법은 없다. 창업하면서 감내해야 하는 고통은 새로운 인간을 세상에 탄생시키는 것과 다를 바 없다. 혼돈이 있을 것이다. 고통이 있을 것이다. 피를 흘릴 것이다. 당신의 목표는 이 혼돈을 번아웃되지 않고 버텨내는 것이다.

당신의 한계는 어디인가? 이 질문에 대한 답은 오직 당신만이 안다. 번아웃과 함께 잠자리에 들지 않으려면 번아웃을 스쳐 지나가야 할지도 모른다. 새로운 회사를 창업할 때의 광란을 버텨내기 위해 당신은 육체를 소중히 다루어야 하며, 그렇게 하려면 의식적인 보살핌이 필요하다.

몸을 보살필 때 당연한 것과 덜 당연해 보이는 것들에 대해 생각해보자.

당연한 것:

- 수면
- 움직임
- 연료
- 수분
- 햇빛
- 자연

이 주제에 관한 좋은 책과 참고 자료는 이미 세상에 많이 나와 있다. 책 뒷부분에 있는 '지속적인 성장을 위한 참고 자료'에 내가 가장 좋아하는 몇 가지를 소개해두었다.

덜 당연해 보이는 것:

- **스트레스와 스트레스 요인을 구분하기.** 『Burnout: The Secret to Unlocking the Stress Cycle』에서 에밀리Emily와 아멜리아 나고스키 Amelia Nagoski는 창조를 할 때 몸을 보존하는 주요 방법으로 스트레스의 근원과 그 근원에 대한 신체 반응을 구분하는 법을 다룬다.

- **스트레스 요인**은 몸에서 스트레스 반응을 활성화하는 것이다. 스트레스 요인의 예시로는 일, 돌봄 관계나 연인 관계, 시작하거나 마무리 지어야 할 프로젝트, 도전적인 경험, 재무 상태 등이 있다.

    스트레스는 스트레스 요인을 접했을 때 당신의 몸과 마음속에서 일어나는 신경학적이고 생리학적인 변화다.

    스트레스 요인이 제거(발표가 끝나거나, 계약이 성사되거나, 직장을 그만두거나, 학기가 끝나거나, 관계를 끝내거나, 자녀가 독립하거나, 급여가 입금되는 등) 되고 나서도 스트레스 반응이 마무리되지 않아 심신의 안정을 되찾기 위한 도구가 필요할 수도 있기에 이 둘의 차이를 구분하는 것은 중요하다.

    스타트업 세계에서 스트레스 요인은 오랫동안 해결되지 않은 채 머무른다. 회사를 설립하는 데 수년에서 수십 년이 걸리므로 스트레스 주기를 여러 주, 여러 달, 여러 해 동안 마무리 지을 방법이 무엇인지 질문해야 한다. 아래 내용을 계속 읽어보자.

- **당신의 감정에 주의를 기울여라.** 당신이 지금 무슨 생각을 하는지 안

다. 이 책은 스타트업에 대한 책인데, 왜 감정에 관해 이야기하고 있는 거지?! 그렇다, 이어질 다음 몇 페이지에 나는 감정에 관한 이야기를 담을 것이다. 당신은 인간이므로 좋든 말든 감정을 느낄 수밖에 없기 때문이다!

감정은 당신, 당신이 할 수 있다고 생각하는 것, 그리고 당신이 실제로 하게 되는 것에 영향을 준다. 한마디로 말해서 감정은 당신의 사고방식에 막대한 영향을 주므로 곤심을 가질 필요가 있다.

감정은 상황에 대한 불가피한 반응으로, 두 가지 요소가 강조된다. 첫 번째 요소는 본질적으로 반응이 불가피하다는 점이고, 두 번째 요소는 상황에 대한 의존성이다.[1] 반응과 상황은 모두 일시적이다. 감정을 억누르거나 감정 살피기를 잊어버리는 것은 창조를 위해 육체를 보호하는 현명한 방법이 아니다.

그 대신 당신의 감정을 환영하고, 그 감정이 가져다주는 지혜를 해독하고, 당신이 창조하고자 했던 목적으로 넘어가라. 부정적인 감정에만 관심이 필요하다는 생각이 들 수 있지만, 실제로는 그렇지 않다.

스타트업의 극심한 경쟁적 문화에서 스스로를 과시하는 허풍쟁이 같아 보이지 않으면서도 당신이 창조하고 있는 위대한 것들을 찬양할 장소, 사람, 공간을 찾으려면 긍정적인 감정에 대해서도 의식적인 접근이 필요하다.

---

[1] 프레드릭 뉴먼Fredric Neuman, MD, "감정의 목적The Purpose of Feelings," *Psychology Today* (블로그), 2012년 12월 19일

원하던 바를 달성하여 안도하고, 기뻐하고, 감사하고, 어쩌면 감격스럽기까지 한 상황을 상상해 보자. 이 감정은 제대로 축하받았을 때 당신의 존재를 더 깊이 관통하며 더 오래 남는다. 기쁨의 순간에 진심을 담아 당신의 곁을 지켜줄 사람은 누구인가? 왜 자신에게는 이런 일이 일어나지 않느냐고 스스로 질문하지 않고 당신을 축하해 줄 사람은 누구인가? 나중에 다시 참고할 용도로 이 승리의 순간을 어디에 기록할 수 있는가?

원하던 바를 달성하지 못하여 혼란스럽고, 부끄럽고, 우울하고, 짜증 나고, 충격받고, 화가 나는 상황은 어떤가? 당신을 위해 잠깐 시간을 내서 이 상황에 대해 슬퍼하고, 감정을 느끼고, 충족되지 못한 욕구와 대화를 나누어라. 지금 그 방식대로 느껴도 괜찮다. 다행히 감정들은 완전히 일시적이다.

지금부터 계획을 좀 세워보자. 당신이 기쁠 때와 슬플 때 곁을 지켜 줄 사람들과 어떻게 교류할지에 대한 계획을 아래 표에 작성해 보자. 어떤 이들은 두 가지 경우 모두 곁에 잘 있어 줄 것이고, 어떤 이들은 기쁠 때보다는 슬플 때 곁에 더 잘 있어 줄 것이다.

가장 먼저, 기쁠 때와 슬플 때 각각의 상황에 적합한 사람들을 떠올려보아라. 그러고 나서 그들과 소통 가능한 시간과 공간을 찾고 최종적으로 이런 교류를 상호 간에 하고자 하는지 판단하라.

기쁠 때와 슬플 때 곁을 지켜줄 사람들과의 교류 계획

	기쁠 때 곁을 지켜줄 사람들		슬플 때 곁을 지켜줄 사람들	
이름	수	밥	조엘	올리비아
교류하기 좋은 시간	아침	점심, 저녁	저녁	아침, 점심
교류하기 좋은 공간	전화 통화	산책 중, 커피 타임, 전화 통화	전화 통화	산책 중, 커피 타임
상호 관계 형성	관심 있음	관심 있음	관심 없음	관심 있음

만약 이렇게 계획을 세우기가 망설여진다면 옥시토신과 관련된 연구에 귀를 기울여보아라. 옥시토신이란 성관계나 출산, 수유 시 분비되는 호르몬으로, '유대 호르몬'이라는 별명을 가지고 있다. 옥시토신은 분비되면서 행복감, 편안함, 신뢰감, 정신적 안정감을 유발한다.[2] 자, 이제 여기에서 주목할 것은 우리가 옷을 다 입은 채로 친구와 전혀 성적이지 않고, 전혀 낭만적이지 않은 상황에서 감정을 공유해도 옥시토신이 분비된다는 사실이다![3]

---

2 마커스 맥길Markus MacGill, "사랑과 옥시토신 사이의 연결고리는 무엇인가?What Is the Link between Love and Oxytocin?" 메디컬 뉴스 투데이, 2017년 9월 4일
3 주디스 글레이저Judith E. Glaser, "깊은 관계의 심리학Psychology of Deep Connection," 심리학 투데이 (블로그), 2015년 9월 29일

고통 수프의 밑바닥에 무엇이 있는지 살펴보자.

만약 당신이 내가 2012년에 느꼈던 것처럼 과거의 상실감, 억울함, 실망감이 뒤섞인 고통 수프가 불 위에서 몇 년간 부글부글 끓어오르다가 넘칠 것 같은 상황이라면 이 수프를 처리하기 위해 의도적으로 마음 챙김을 시도하는 것이 최선일 수 있다.

당신의 고통 수프는 유년기부터 끓기 시작했을 수도 있다. 치료사들이 "어머니와 아버지는 어떤 분이었나요?"(프로이트주의자의 억양으로 읽어보자)라는 말과 함께 상담을 시작하는 이유 중 하나다. 불행히도 현실에서 고통 냄비가 텅 빈 채로 어른이 되는 사람은 거의 없다. 작가 사라 와이즈먼Sara Wiseman에 의하면 원가족family of origin에게 받을 수 있는 트라우마에는 다음 일곱 가지가 있다.[4]

1. 학대
2. 중독
3. 폭력
4. 가난
5. 질병
6. 유기
7. 배신

---

[4] 사라 와이즈먼Sara Wiseman, "가족 카르마로부터 스스로를 해방시켜라Release Yourself from Family Karma," *DailyOM*, (2020년)

유년기는 보호와 보살핌을 받을 권리가 있는 시기다. 하지만 이런 안전과 보살핌 대신 위의 일곱 가지 그림자 중 한 가지 또는 그 이상이 유년기에 드리울 때 이는 여생에 엄청난 영향을 미친다. 성인이 된 후에 우리는 유년기에 보았던 것을 반복하거나 반대의 극단으로 치달을 수도 있고, 진정한 치유를 받으려고 노력할 수도 있다. 일부 트라우마는 스스로 짚어낼 수 있지만, 어떤 트라우마는 강렬한 감정들을 안전하게 느끼고 극복하기 위해 치료사 또는 전문가의 도움을 받아야 할 수 있다.

이런 그림자에는 희망적인 측면도 몇 가지 있다. 첫째, 고통을 느끼기(대면하고 살펴보기)로 결정하면 고통이 지나가기 시작한다. 둘째, 당신은 혼자가 아니다. 성인이 되어갈 때쯤 모든 사람에게는 어느 정도의 고통에 노출된 경험이 있다. 고통은 인간 경험의 마그마 magma다.

그렇다면, 이 모든 고통을 어떻게 해야 할까?

여기 체크리스트가 있다. 당신이 할 일은 다음과 같다.

- 당신의 고통을 인지하라.
- 당신의 고통을 해결하기 위해 사용된 대응 기제를 확인하라.
- 당신이 고통으로부터, 그리고 고통받는 동안에도 창조할 수 있다는 사실을 받아들여라.

하나씩 살펴보자.

당신이 가장 먼저 할 일은 고통을 인지하는 것이다. 위의 일곱 가지

트라우마 목록은 당신이 당신 마음을 들여다보기 시작할 때 참고해 활용할 수 있다. 예를 들어, 이민과 관련된 나의 트라우마를 떠올릴 때 나는 이 시기에 내가 '집'과 중요한 관계를 갑자기 잃어버렸고, 급작스러운 가난을 경험했고, 가족 구성원을 향한 다소 많은 신체적 폭력을 목격했다고 말할 것이다(1992~93년경, 뉴욕 브루클린).

당신을 위한 질문:
무엇 또는 누가 당신에게 고통을 주었는가? 어떤 종류의 고통이었는가?

다음으로 할 일은 당신이 이 고통을 처리하는 데 어떤 대응 기제를 사용했는지 확인하는 것이다. 대응 기제란 스트레스에 적응하는 것으로, 상황에 대한 자신의 통제력을 강화하기 위해 작동한다. 대응 기제는 종종 잠재의식 속에서 일어나기 때문에 스스로 스트레스에 순응했는지 인지하지 못하는 경우가 많다. 예를 들어, 나는 수년간 자기 성찰을 하고 나서야 비로소 이민의 고통을 처리하는 나의 대응 기제가 외적인 업적을 쌓는 것이라는 사실을 깨달았다. 이 대응 기제는 내가 가난을 통제하고, 신체적 안전이 보장되는 환경(대학교, 기업체)에 들어가고, '집이 없다'라고 느끼는 고통을 잊을 수 있게 해주었다. 내가 나의 대응 기제를 마주할 수 있게 되면, 이전에 스트레스에 대처한다는 명목하에 한 행동 중 어느 것이 현재 내 앞길을 가로막고 있는지 알 수 있다. 그리고 이 깨달음을 통해 그 트라우마에 대한 진정한 치유를 시작할 수 있다.

당신을 위한 질문:
고통의 결과물을 통제하기 위해 삶 속의 어떤 것에 순응했는가? 이런 대응 기제들이 당신에게 어떻게 작용하고 있는가?

세 번째로 할 일이자, 가장 중요한 단계는 고통 속에서도 창조할 수 있다는 사실을 받아들이는 것이다. '온전해진' 또는 '치유된' 상태는 평생 달성하지 못할 수도 있으므로, 이와 같은 완벽함에 도달할 미래의 알 수 없는 시점까지 기다릴 필요가 없다. 대신 조금 온전하지 못하고, 여전히 덜 치유되었더라도 고통을 인지하고 있는 지금의 상태에서 창조하라. 예를 들어, 나는 시커 헬스 설립 초기에 창업 몇 개월 전에 아버지를 잃은 고통을 동력으로 이용해 앞으로 나아갔다. 아버지의 육체는 아버지가 미국에서 사업가가 될 때까지 버텨주지 못했지만, 내 육체는 할 수 있었다.

당신을 위한 질문:
고통 때문에 창조하지 못하고 있는가? 이전에 고통 속에서 창조해 본 적이 있는가? 당신이 지금 느끼는 고통 속에서 어떤 창조물이 탄생할 수 있을까?

이제 당신의 감정과 마주했으니, 그 감정들이 당신을 덮치지 못하게 하라. 감정은 그저 감정일 뿐이다. 나에게 와서 메시지를 전달하고, 없어졌다가 다시 돌아온다.
감정이 느껴짐에도 '불구하고' 당신이 이 세상에서 어떤 목표를 달성하고 싶은지 명확하게 설정하라. 예를 들어 당신의 목표가 스타트업을 창업하고 고객 50명을 더 모집하는 것인데, 지금 당장 열 번째 고객과의 교류가 불만스러웠다고 가정해 보자. 불만을 느끼고, 해결하거나 배울 만한 점이 있을지 생각해 보아라. 그러고 나서 당신의 목표로 돌아가라. 당신이 고객 50명을 모집하고자 했다는 사실을 기억하라. 계속 나아가라.

주변에 당신을 믿는 가까운 사람들을 두어라.

창업자의 역할은 외로운 일이다. 대부분의 시간에 혼자 있는 것이 좋다고 하더라도, 당신은 인간이라는 사회적 동물이다. 따라서 다음 욕구 중 최소한 몇 가지는 가지고 있을 것이다.

- 동료애
- 동반자 관계
- 우정
- 인정
- 가까움
- 친밀감
- 보여지는 것
- 들려지는 것
- 알려지는 것
- 자극

- 접촉
- 성관계
- 사랑

  이 욕구의 일부 또는 전부를 가지고 있다고 해서 당신이 애정에 굶주린 사람은 아니다. 그저 다른 사람들과 비슷한 것일 뿐이다. 이런 욕구는 일반적으로 다른 사람을 통해 충족된다. 당신은 이미 요구되는 것이 많은 당신의 스타트업과 피곤한 관계를 맺고 있으므로 당신에게 이롭지 않은 관계를 맺을 여유가 별로 없다. 따라서 '가까운 사람들'을 선택할 때는 반드시 주의를 기울여 자신의 마음을 살펴야 한다.

  연구에 따르면 당신과 가까운 사람들이 당신과 당신의 꿈을 믿어줄 때 동기부여가 되며 실제 성과도 더 좋아진다고 한다. 위스콘신대학교 매디슨캠퍼스University of Wisconsin-Madison에서 제임스 샤James Shah가 이끄는 연구팀은 가까운 사람들이 업무 성과에 미치는 영향을 평가하기 위해 다섯 가지 연구를 설계했다.[5] 그들의 연구에서 사람들은 어머니, 아버지, 형제자매, 배우자 등 자신에게 중요하고 가까운 사람이 자신을 응원한다고 느낄 때, 이 가까운 사람의 이미지에 대한 점화자극prime(두뇌 안에서 특정 지식을 활성화하는 단서를 뜻한다.-옮긴이)을 받으면

---

[5] 벤슨E. Benson, "친구와 친척에 대한 기억을 상기시킨 후에 목표를 추구할 확률이 높아지는 사람들People More Likely to Pursue Goals After Unconscious Reminders of Friends, Relatives," *Journal of Personality and Social Psychology*, Vol. 84, 4호, (2003년 4월): 661-681.

과제를 더 잘 수행한다는 일관된 결과가 나타났다. 반면, 가깝지 않거나 자신을 응원하지 않는 사람의 이미지에 대한 점화자극을 받았을 때 성과는 개선되지 않았다. 간단히 말해서 경영 대학원 입학시험GMAT을 치려고 자리에 앉았는데 당신이 어머니와 가까운 사이고, 어머니가 당신이 경영전문대학원MBA에 진학하길 바란다고 가정했을 때, 이 연구에 따르면 당신이 어머니의 이미지에 대한 점화자극을 받으면 시험 성과가 눈에 띄게 높아진다는 것이다.

이 연구를 읽고 나서 시커 헬스를 창업하는 내내 내가 스스로에게 점화자극을 주고 있었다는 사실을 이해하기 시작했다. 우선 나는 돌아가신 아버지에 대한 기억으로 스스로에게 점화자극을 주고 있었다. 어쩌면 내게 영향력 있고 가까운 사람이 살아있지 않아도 내적 동기 부여는 가능하다. 그리고 나는 기업가로서의 여정을 지지해 주는 가까운 사람들(남편, 어머니, 남동생들, 자녀들)의 존재 속에서 그들과 함께 살고 교류하며 스스로에게 점화자극을 주었다.

창조의 시기에 어떤 사람들을 주변에 두는가는 중요하다. 아래는 가까운 사람들을 평가할 때 해볼 만한 질문이다.

- 그들은 당신을 믿는가?
- 그들은 당신에게 최선인 것을 원하는가?
- 그들은 당신의 목표를 지지하는가?
- 그들은 계속 나아가라고 당신을 격려해 주는가?
- 이 관계에는 호혜의 감정이 있는가?

이제 주위를 돌아보며 누구를 곁에 두고, 누구를 떠나보내고, 누구와의 관계에서 더 명확한 경계선을 그어야 하는지 결정할 시간이다.

물러서기를 연습하라

그만하고 싶다는 충동이 느껴질 때 그만두지 말고 물러서라. 당신에게 필요한 휴식을 취하고 에너지를 충전할 수 있는 공간으로 물러서는 것을 고려해 보아라. 물러서기의 목표는 단순히 환경에 변화를 주거나 일상으로부터 도피하는 것이 아니므로 기존의 휴가와 다르다. 대신 물러서기란 지금처럼 스스로와 마주하러 가는 것이다.

물러서기는 스트레스 반응을 마무리 짓는 데 몇 가지 중요한 역할을 한다. 물러서기를 통해 아래에 수록된 일을 할 수 있는 정신적, 신체적, 감정적인 공간이 생기기 때문이다.

- 더 오랫동안 잠자기
- 스스로에 대해 성찰하기
- 비슷한 길을 걷고 있는 다른 사람들과 교류하기
- 새로운 친구 사귀기
- 감정 느끼기
- 울고 슬퍼하기
- 즐거움을 느끼고 축하하기
- 일기 쓰기
- 창의적인 프로젝트 하기

- 자연 속에 머무르기
- 누군가가 요리해준 음식 먹기
- 목표 재설정하기
- 멈추고 싶지 않다는 사실 깨우치기

이 책 뒤편에 있는 '지속적인 성장을 위한 참고 자료'에서 내가 강력히 추천하는 물러서기 방법(치유 센터 & 에너지 회복 행사)을 참고해라.

요약해 보면, 당신은 스타트업을 창업할 오직 하나의 육체를 가지고 있다. 정교한 유기체로서의 육체를 있는 그대로 대접하라. 감정을 관찰하고, 가까운 사람들을 주변에 두고, 필요할 때 물러서기도 한다면 당신은 창조의 시간을 강하고 생산적으로 버텨낼 수 있을 것이다.

명상 가이드: 휴식 형상화하기

이 명상에서는 당신이 깊은 신체적, 정신적, 감정적 휴식의 상태에 도달할 수 있도록 도와드릴 예정입니다. 먼저 앉거나 누울 조용한 장소를 찾으세요. 눈을 감습니다. 숨을 깊이 들이쉰 다음, 정수리 위로 따뜻한 빛이 내리쬔다고 상상합니다. 이것은 깊은 휴식의 빛입니다. 빛이 정수리에 닿으면서 닿은 부위가 점점 더 편안해지는 것을 느낍니다. 이 따뜻한 휴식의 빛에 의해 그 부위의 긴장이 녹아내립니다.

이제 빛이 이마와 눈으로 이동합니다. 이마오 눈이 무거워지고 완전히 편안해집니다.

빛이 코, 볼, 입을 지나갑니다. 턱에 힘이 풀리고, 얼굴 전체가 매우, 매우 편안해집니다.

숨을 한 번 더 깊이 들이쉬고 이 빛이 목에서 어깨, 등 위쪽, 팔까지 내려가게 해보세요. 이 부위들도 이제 완전히 편안하게 느껴집니다.

빛이 가슴, 내장 기관, 등 아래쪽, 골반으로 내려갑니다. 이제 상반신 전체가 스트레스로부터 자유로워지고 완전히 편안해졌습니다.

이제 빛이 다리와 발로 내려갑니다. 몸 안에 남아 있던 스트레스가 모조리 발을 통해 떠나갑니다.

완전한 휴식의 깊은 상태에서 뇌와 심장을 지탱해 주는 이 신성한 육체에 존경의 마음을 전합니다. 세상을 위해 이렇게 중요한 것을 만들고 있는 지금 이 순간까지 당신을 들고 다녀준 육체에 감사함을 표현합니다.

눈을 뜹니다. 손가락과 발가락을 꼼지락거리 코세요. 그리고 당신의 육체에 다시 한번 맹세하세요. 육체를 보살피겠다고, 육체를 보호하겠다고, 육체를 존중하겠다고 말입니다.

●● 한눈에 보기

- 당신이 육체를 괴롭히면, 육체는 당신을 괴롭힐 것이다.
- 햇빛, 영양분, 수면, 수분 등 당신이 가진 기초 욕구와 육체의 자연적 주기 및 리듬을 존중하라.
- 기쁜 날과 슬픈 날에 조건 없이 곁을 지켜줄 사람들을 찾아라. 절친이 될 수도 있고, 배우자나 치료사가 될 수도 있다.
- 당신의 감정에 귀를 기울이고 고통을 인지해라. 당신은 고통을 혼자 느끼고 있는 것이 아니며, 고통 속에서 창조해도 괜찮다는 사실을 받아들여라.
- 인간관계는 번아웃에 대항할 면역력을 형성해 준다. 반드시 당신을 믿는 가까운 사람들과 긍정적인 관계를 유지해라.
- 그만두고 싶다는 충동이 느껴질 때 그만두기보다 물러서라. 기적을 일으키고 다음 단계로 나아갈 수 있게 해주는 정신적, 신체적, 감정적 공간을 확보해라.

3부

엑시트
(exit)

10장
정말 좋은 것을 요구하라
(당신에게는 그럴 권리가 있다)

모래성처럼

모든 것은 일시적이다. 만들고, 보살피고, 즐겨라.

그리고 때가 되면, 놓아주어라.

— 잭 콘필드Jack Kornfield

현장 속으로

내가 의도적으로 시커 헬스를 매각하려고 한 것은 아니었다. 다양한 기회가 스스로 모습을 드러냈기 때문에 어쩔 수 없이 사업을 구축하는 일에서 눈을 떼고 주의를 기울여야 했다.

우선, 지금부터 회사 1이라고 부를 헬스케어 커뮤니케이션 회사의 회장으로부터 이메일을 받았다. 회사 1의 회장은 내가 십 년 전에 함께 일했던 동료다. 그는 임상 시험 등록 분야에서 시커 헬스가 발전하는 모습을 처음부터 지켜봤고, 자신의 회사를 같은 방향으로 구축하는 데 관심을 표했다.

발신: 회사 1의 회장
수신: 샌드라 슈필버그
저희 사모펀드 파트너들에게 시커 헬스를 소개해주실 수 있나요? 11월 중순쯤 저희 쪽 사무실에서 90분 정도 진행 가능하실지 문의드립니다.

나는 알았다고 대답했고 비공개적으로 회의를 잡았다. 곤란한 회의가 될 가능성도 있었다. 회사 1에서 이 회의를 활용하여 우리가 하는 일에 대해 배운 다음, 똑같이 따라 해서 우리를 망하게 할 수도 있겠다는 생각이 들었지만 내 전 동료가 그렇게 나쁜 사람일 리 없고 그가 시커 헬스의 인수를 진지하게 고려하고 있다고 믿었다. 회의에서 회장이 초대한 사람들에게 시커 헬스의 환자 구인 방법과 재무제표 요약본을 발표했다.

며칠 뒤, 회사 1의 사모펀드 파트너가 시커 헬스를 매수할 기회를 더 자세히 평가하기 위해 검토하고자 하는 사전정보 목록을 보내왔다. 그 목록은 시커 헬스의 고객이 누구인지, 그리고 각 계약의 재무적 프로필을 더 심층적으로 알고자 했다. 사업 운영에 이미 풀타임 이상의 시간을 할애하고 있는 상태였지만, 요청받은 정보를 모아 최대한 빨리 응답했다.

11월과 12월에 나는 회사 1의 비즈니스 리더들을 만났고, 시범용으로 공동 고객 유치 계획을 짰으며, 그들의 CTO와 시커 헬스의 기술 스택technology stack(프로그램 개발의 기반이 되는 언어, 프레임워크, 도구 등을 종합적으로 일컫는 개발 용어다. – 옮긴이)에 대해 논의했다. 이 회의 일정들은 내가 사업 운영에 투입할 시간을 꽤 많이 빼앗아갔다. 그래서 나는 영업팀을 이끌 사람을 새로 채용하고, 기존에 고객 상대 업무를 맡기기 위해 구성한 팀에게 점점 더 의존해야 했다.

회사 1의 일부를 사모펀드에서 소유하고 있었으므로, 시커 헬스의 재무 성과는 정말 중요했다. 그 해가 끝날 무렵에 나는 아래와 같은 이메일을 보냈다.

발신: 샌드라 슈필버그
수신: 회사 1 & 사모펀드
새해 복 많이 받으세요! 검토 진행 시 아래 첨부한 문서 확인 부탁드립니다. 오늘 업데이트한 자료입니다.

- 손익 계산서
- 고객별 최종 청구서
- 다음 연도에 대한 고객별 예상 매출 및 손익 계산서 (계약 완료 & 예정)

하루는 잠재 고객을 대상으로 합동 발표를 진행하기 위해 서부로 출장을 갔다. 이 발표에 많은 것을 기대하지는 않았지만, 몇 가지 우려가 생기기 시작했다. 발표가 산만하게 진행되었는데 일단 처음 함께 발표하는 자리라서 그런 거라고 생각하며 넘어갔다.

인수합병 과정에 대해 더 자세히 알고 싶어서 남동생의 친구이자 최근에 테크 회사를 매각한 레이철에게 연락했다. 다음은 레이철이 알려준 내용이다.

- 우선 매수자가 거래의 일반적인 개요를 서술한, 구속력이 없는 문서인 인수의향서LOI를 작성할 것이다.
- 다음으로 내가 인수의향서와 인수의향서의 영향을 검토할 변호사와 회계사를 적어도 한 명씩 포함한 팀을 구성할 것이다.
- 최종 인수의향서에 서명하면 기업실사가 시작될 것이다. 약간의 차이가 있을 수 있지만, 매수자가 최소한 다음 각 분야에서 업무를 시작할 것이라고 예상해야 한다.

1. 재무제표
2. 기술
3. 고객 계약
4. 인사 관행
5. 벤더 계약
6. 법률 사항

- 실사가 마무리될 즈음 매수자의 법무팀에서 검토 및 협상을 위해

우리 쪽 법무팀에 제공해야 하는 매매계약서 및 기타 계약서(창업자 고용 계약서 등)의 초안을 작성할 것이다.
- 법률 사항에 대해 상호 간 동의가 완료되면 대금이 마감일에 송금될 것이다.

레이철은 마지막으로 이렇게 말했다. "기억하세요, 거래는 끝날 때까지 끝난 게 아니에요. 매수자는 언제든지 손을 뗄 수 있어요. 모든 문서가 서명되고 계좌에 대금이 입금된 걸 확인해야 정말 끝난 거예요." 레이철은 내가 매각 과정을 계속 진행하는 데 필요했던 정보를 명료하게 알려줬다. 다음 단계는 인수의향서를 작성하는 것이었다.

다음으로 회사 1은 우리 회사의 주요 팀원 몇 명을 만나고 우리 사업을 자세히 살펴보기 위해 시커 헬스 사무실에서 회의를 진행할 것을 요청해왔다.

이것은 나에게 두 가지 큰 문제를 안겨줬다.

첫째, 아직 인수의향서도 없는 상황에서 이 회의에 참석할 직원들에게 회사 1이 비공개적으로 내비치고 있는 시커 헬스 인수에 대한 관심에 대해 말해주어야 하는 걸까?

둘째, 코워킹스페이스에 있는 작은 사무실을 보여주기가 부끄러웠다. 우리는 공용 회의실을 사용할 수 있었지만, 회사 1은 결국 내가 옷장 크기의 사무실에서 수백만 달러 가치의 회사를 운영하고 있음을 보게 될 것이었다.

첫 번째 문제에 대해서 나는 관련 직원들에게 솔직하게 말하고 이 사안에 대한 완벽한 기밀 유지를 부탁하기로 했다. 두 번째 문제에 대해서는 우리가 지금 일하고 있는 공간이 시커 헬스의 효율적인 시스템을 대표하니까 부끄러워할 게 아니라 자랑스러워할 부분이라는 결론을 내렸다.

며칠 뒤, 회사 1에서 약 열 명 정도의 사람이 시커 헬스에 대한 추가적인 정보를 얻기 위해 우리의 코워킹스페이스로 몰려들었다.

나는 특정 직원들과 함께 우리가 해결하고 있는 문제가 무엇인지, 그 문제를 어떻게 해결하고 있는지, 최고 고객이 누구인지, 어떻게 요금을 청구하는지, 기술 스택과 재무적 성과, 성장에 대한 계획은 어떠한지 전반적으로 설명했다. 팔로알토의 호야oya라는 레스토랑에서 함께 저녁을 먹고 술을 마시며 미팅을 마무리 지었다.

집에 도착하니 산더미처럼 쌓인 할 일과 잔뜩 들뜬 채 좋은 소식을 기다리고 있는 가족들이 나를 맞이했다.

"미팅은 잘 끝났어." 내가 말했다. "다음 단계는 인수의향서야."

다음 날, 미팅에 참석했던 사람 중 한 명이 아래와 같은 이메일을 보냈다.

발신: 회사 1 부서장

수신: 샌드라 슈필버그

지난 2년 동안 달성하신 성과에 대해 다시 한번 축하드립니다. 또 한 명의 재능 있는 여성이 멋진 사업을 일궈낸 모습을 보니 너무 기쁩니다. 게다가 훌륭한 어머니의 역할까지 해내고 계시고요! 어제 미팅은 매우 즐거웠습니다. 앞으로 몇 개월간의 협업과 파트너십이 기대됩니다. 논의할 것이 있으시다면 언제든지 연락 부탁드립니다. 어제 사모펀드 분들과의 미팅도 아주 잘 끝난 것 같습니다!

이 이메일은 나에게 엄청난 선물이었다. '멋진 사업을 일궈낸 모습'이라는 구절이 유독 눈에 띄었다. 나는 항상 앞을 향해 뛰고 있었기 때문에 잠깐 멈춰 서서 내가 이룬 것들을 감탄할 기회가 주어진 것이 선물 같았다.

이렇게 나의 성과를 기쁜 마음으로 돌아보던 중에 머릿속에 질문이 하나 떠올랐다. 그래, 다음 단계는 인수의향서야. 그런데 시커 헬스의 가치는 얼마일까? 일반적으로 테크 기업이 자금을 조달할 때 제시하는 기업 가치는 허구의 숫자였다. 하지만, 시커 헬스의 경우에는 매출, 현금 유동성, 수익성이 존재했다. 더 정확한 가치액을 계산할 때 활용할 수 있는 정보였다.

시커 헬스의 가치를 정확하게 계산하기 위해 가치 평가 전문 회계사를 고용했다. 모든 재무 정보와 예상치를 공유했고, 회계사가 자유롭게 숫자를 계산할 수 있도록 했다.

그런 다음 아래 이메일을 받았다.

발신: 회사 1의 사모펀드
수신: 샌드라 슈필버그
지난 미팅을 잘 진행해주셔서 감사합니다. 시커 헬스와 함께 이루어낼 일들을 매우 기대하고 있습니다.

심층 실사가 문제없이 진행된다는 전제 아래, 앞으로 몇 개월간 거래 종결을 향해 가는 과정에 확인할 주요 단계들에 대한 개략적인 일정을 제공하고 인수의 향서의 실행 단계로 넘어가기 위해 곧 연락 드릴 예정입니다. 시커 헬스의 미래를 함께 성장시킬 파트너로 저희를 고려해 주셔서 감사합니다.

닥터 수스Dr. Seuss의 책 『Oh, the Places You'll Go!』에서 침울한 표정을 짓고 등장하는 캐릭터처럼 나는 이제 기다리기 전문가가 되어야 했다. '염려스럽게도, 나는 가장 쓸모없는 곳을 향해 가고 있었다. 기다리는 곳…'

기차가 출발하길
또는 버스가 오길, 또는 비행기가 뜨길
또는 편지가 도착하길, 또는 비가 그치길
또는 전화가 울리길, 또는 눈이 내리길 기다렸다.
'네' 또는 '아니오'를 기다리거나,
머리카락이 자라나길 기다렸다.

모든 것이 그러하듯 기다리는 곳에서의 시간 역시 영구적이지 않았고, 나는 일요일 저녁에 회사 1로부터 오랫동안 기다려온 메시지를 받았다.

발신: 회사 1의 사모펀드

수신: 샌드라 슈필버그

연락이 조금 지연된 점 양해 부탁드립니다. 기쁜 마음으로 인수의향서 초안을 보내드립니다. 저희가 인수의향서에 기재한 실사 과정을 모두 마칠 수 있을 만큼의 충분한 시간을 확보하기 위해 거래 종결일을 4월 30일로 변경한 점 확인 부탁드립니다. 귀사와의 파트너십을 매우 기대하고 있으며 모두에게 성공적인 결과를 보장할 신규 비즈니스의 추진을 위해 계약이 마무리될 때까지 협력하겠습니다.

나는 인수의향서를 빠르게 훑어보고, 미소를 짓고, 남편에게 이 소식을 전한 다음, 회계사에게 우리 회사의 가치 평가를 요청하는 간략한 이메일을 보냈다. 그리고 회사 1의 이메일에 아래와 같이 답변했다.

발신: 샌드라 슈필버그
수신: 회사 1의 사모펀드

인수의향서 감사히 잘 받았습니다. 저도 회사 1과 시커 헬스의 파트너십을 매우 기대하고 있습니다. 보내주신 내용은 저희 쪽 대리인과 검토한 뒤 최대한 빨리 답변드리도록 하겠습니다.

때마침 가치 평가를 요청했던 회계사가 추천 금액을 보내줬다. 회사 1의 인수의향서에 적힌 시커 헬스의 돈값은 확실히 회계사가 제시한 범위 안에 들었지만, 분명히 낮은 쪽에 속했다.

인수의향서는 사업 운영, 회계, 법률, 고객, 데이터 처리 시스템, 보험 및 혜택, 관리자 배경 조사에 대한 예상 확인 실사를 요청했다.

예상했던 대로 인수의향서에 서명하면 나는 또 다른 단체에 시커 헬스 매각을 권유하거나 권장할 수 없고, 매각 권유를 받아들이거나, 완료할 수 없는 독점적 협상 기간에 들어가게 된다.

나에게 유리한 방향으로 거래를 끌어오기 위해 회사 1의 회장과 협상을 시작했다. 한편으로 어딘가에 더 좋은 조건의 거래가 있을 거란 생각을 떨칠 수 없었다. 하지만 회사 1이 내가 이끄는 방향으로 협상할 의향이 있어 보였기 때문에 나는 인수합병을 진행할 딜 팀$^{deal\ team}$을 구성하기 시작했다. 친구에게 추천을 받아서 비슷한 규모의 인수합병 거래 경력이 많은 변호사를 고용했다. 변호사가 이 구매를 통해 발생할 수 있는 모든 피해에 대해 인수자를 보호하려는 목적으로 작성된 손해배상 조항의 영향력과 인수자가 나에게 지급한 돈을 다시 돌려받을 수 있는 모든 방법에 대한 설명을 마치자 나는 겁에 질렸다.

하지만 나는 두려움을 뚫고 나아갔다. 나의 선천적인 불안 증세를 더 섬세하게 고려해 줄 새로운 변호사를 찾을 시간이 없었다. 변호사는 인수의향서를 검토했다. 우리는 회사 1에 제안할 변경 사항을 여러 번 주고받았고, 얼마 지나지 않아 인수의향서에 서명했다.

그즈음 동생 하비에르가 연락이 와 자기가 아는 인큐베이터를 소개받을 의향이 있는지 물었다. 재미 삼아 인큐베이터의 요구사항을 검토해 봤는데, 그들은 너무 매력적이지도 않고 너무 뒤떨어지지도 않는 스타트업을 원했다. 시커 헬스는 이미 그들이 원하는 매출과 수익의 최상위 수준을 뛰어넘은 상태였다. 갓 걸음마를 뗀 내 스타트업은 이미 단단하고 토실토실한 두 다리로 돌아다니고 있었고, 회사 1이 이 회사를 매수하고 싶어 했다.

실사가 시작되고 내 업무량은 기하급수적으로 증가했다. 사업을 운영하고, 신규 고객을 모집하고, 직원을 채용하는 기존 업무에 몇 가지 파트타임 역할을 더해야 했다. 실사 데이터 룸을 구축하고, 회계사와 변호사 등 다양한 사람들과 통화하며 시커 헬스의 내부 운영 방식을 설명해야 했다.

이 시기에 산업 언론 매체인 〈Medical Marketing & Media〉에서 나를 '최고의 헬스케어 혁신가 40인'에 선정했다. 상을 받기 위해 뉴욕으로 떠나서 어머니의 아파트에 묵었다. 어렸을 때 찍은 옛 가족사진 앨범을 훑어보면서 지금 나를 통째로 집어삼킨 인수합병 세계 바깥에도 삶이 있다는 사실을 상기할 수 있었다.

필은 내가 정신을 절반이라도 붙들고 있을 수 있도록 도와줬다. 나는 잠을 거의 자지도 못하고 새벽 네 시에 일어나 터덜거리며 식탁으로 가서 내가 잠들어 있는 동안 도착한 이메일을 확인했다.

이런 날 중에 하루는 필이 양손에 작은 흰색 병을 하나씩 들고 나에게 다가왔다.

"멜라토닌 줄까, 타이레놀 PM 줄까?" 필이 말했다.

나는 이 시간에 자발적으로 잠자리에 들 생각이 없었기에 조금 움츠러들었다.

"난 당신을 잘 알아." 필이 말을 이어갔다. "잠을 안 자면 정신을 놓아버릴 수도 있어."

나는 브로콜리를 억지로 먹는 어린아이처럼 마지못해 멜라토닌 약을 삼키고 침실로 터덜거리며 들어갔다.

다음 날 아침, 예상했던 대로 나를 기다리는 메일이 쇄도했다. 주로 회계사들의 현장 방문 일정에 대한 이메일이었다. 준비 과정에서 데이터 룸에 비치해야 할 추가 물품 목록도 받았다.

혹시 내가 신규 사업에 시간을 충분히 투자하고 있지 못한 건 아닌지, 그리고 고객 거래 흐름이 아주 조금이라도 정체기를 맞닥뜨리는 건 아닐지 걱정이 앞서기 시작했다. 나는 스스로 이렇게 다짐했다. '일단 회계 업무를 끝내자. 그런 다음에 바로 다시 사업 개발에 집중하는 거야.'

이어진 주에 시커 헬스로 출장을 온 회계사 두 명과 공용 회의실에 대차 목록과 함께 둘러앉아 긴 하루를 보냈다. 학부 전공이 회계학이고 공인회계사시험CPA에 응시한 적이 있어서인지, 아니면 내가 사업 측정에 회계 도구들을 사용하는 것을 좋아했기 때문인지 모르겠지만 우리는 금세 손발이 척척 맞았다.

회계사들은 요청사항을 번갈아 가며 친절하게 의뢰했다. "고객 S와 체결한 계약서가 빠져 있는 것 같아요. 확인해 주실 수 있나요?", "소프트웨어 개발자와 체결하신 계약서 사본 전달 부탁드립니다.", "2월에 참석하셨던 임상 시험 회담에 대한 청구서도 확인 부탁드리겠습니다."

공항에서 $4.95를 결제한 영수증과 무엇을 구매했었는지 기억해 내지 못할 때 두 회계사 모두 "그건 그냥 넘어가셔도 돼요."라고 말하는 점이 놀라웠다. 그 금액을 초과한 내역은 모두 검토 및 조정 대상이 되었으며, 출금액은 조사당하고 입금액은 해부당했다. 하루가 끝나고 회계사들은 만족스러워하며 떠났지만 내가 안심할 만큼 일이 충분히 마무리되지는 않았다. 회계사들은 "추가로 필요한 부분이 있으면 또 연락드리겠습니다."라는 말을 남기고 떠났다.

나는 곧바로 사업 개발로 관심을 돌렸다. 사업 개발 분야를 이끌어 줄 사람을 채용했지만, 내가 맡은 역할의 비중이 여전히 컸다. 우리는 뒤처질 수 없었다.

다음으로, 예상하지 못했던 사건이 벌어졌다.

발신: 회사 2의 대리인

수신: 샌드라 슈필버그

안녕하세요,

저희는 미국 최대 규모의 비상장 다각화 헬스케어 커뮤니케이션 기업을 대리합니다. 저희 고객께서 사업 인수에 대해 논의 가능하신지 문의를 부탁하셔서 연락드립니다.

저희 고객에 대한 몇 가지 주요 사항은 아래와 같습니다.

- 목표 중심 업무를 추구하며, 1억 달러 이상의 매출과 높은 수익성을 달성하고 있습니다.
- 주력 분야 중 하나는 종양학입니다.
- 미디어와 마케팅 담당 부서를 모두 갖추고 있습니다.
- CEO께서 사업의 인수합병 결정권자이자 주요 소유권자입니다. 고위 관리직

분들께서 귀사를 개인적으로 지목하셨습니다.

전화 통화로 저희 고객의 신원을 밝히고 이 기회에 대해 더 자세히 말씀드려도 괜찮을까요?

시커 헬스를 인수하려는 두 번째 회사가 있다고?! 좋은 소식이었지만 나는 회사 1과의 독점 합의서에 서명한 상태였다.

발신: 샌드라 슈필버그
수신: 회사 2의 대리인
시커 헬스에 관심을 가져주셔서 감사합니다. 지금 당장은 요청하신 논의를 진행하기 어려울 것 같습니다. 상황에 변화가 생기면 연락드리도록 하겠습니다.

이어진 주에 회사 1과 나는 잠재 고객을 대상으로 또 한 번의 합동 발표를 했다. 첫 번째 발표처럼 두 번째 발표도 전반적으로 산만하고 성공적이지 못했다고 생각하며 회의장을 떠났다. 신규 고객을 대상으로 한 합동 발표에는 진전이 없었다. 준비 과정마저 난잡했다. 나의 일부는 결함을 찾으려고 하지 말자고 생각했다. 회사 1은 시커 헬스를 인수하며 나에게 돈을 지급할 예정이었고, 나는 그들과 앞으로 몇 년만 함께 일하면 그만이었다. 또 다른 나의 일부는 이대로 둘 수 없다고 소리를 지르고 있었다.

며칠 뒤, 더 놀라운 일이 벌어졌다. 회사 1과 시커 헬스를 잘 아는 사람으로부터 청하지 않은 전화를 받았다. 이 사람은 회사 1이 '난장판'이라는 말을 하려고 전화를 걸었다고 했다. 나는 그를 오랫동안 진정성 있고 신뢰할 만한 사람이라고 생각해왔다. 그의 의견은 중요했고, 그가 해준 말을 완전히 무시할 수 없었다.

이즈음에 나는 역 실사를 시작했다. 회사 1에 회계 감사를 받은 재무제표, 고객별 매출, 조직도, 그리고 다음 연도 예상치를 요청했다.

업무 강도가 높았지만, 샌프란시스코에서 열리는 디지털 건강 CEO 정상 회담에 하루 동안 참석하기로 했다. 전년도에 이 회담이 매우 큰 도움이 되었기 때문이다. 이번에는 번아웃을 집중적으로 다룬 토론에 방청객으로 참여했다. 다양한 회원들이 전자기기 없는 토요일, 가상 비서, 운동 시간을 일정에 포함하는 방법 등 번아웃을 방지하는 전략에 대해 논의했다.

내 흥미를 가장 많이 끌었던 주제는 임원 코치를 고용해 성공의 프로펠러 겸 비즈니스 치료사로 삼는 것이었다. 임원 코치를 활용하는 창업자는 소수였지만, 경험해 본 사람들은 하나같이 코치의 가치를 인정했다. 이러한 코치를 두는 것의 가장 큰 장점은 똑똑하면서도 이미 산전수전 다 겪어본 사람을 곁에 두고, 생각을 정리하거나 일을 할 때 그의 도움을 받아 문제에 더 명확하게 접근할 수 있다는 점이라고 했다.

지금은 시커 헬스에 대한 명확성을 확보해야 하는 시기인 것 같았다. 나는 참석했던 다른 창업자들에게 코치 두 명을 추천받고 회담장을 떠났다. 마치 우주에서 거대한 계시를 내린 듯이 찰스 로즈Charles Rose라는 또 다른 코치가 링크드인을 통해 나에게 연락을 했다. 찰스는 몇 년 전에 시커 헬스와 비슷한 규모의 소프트웨어 사업을 매각했다고 했다. 찰스를 고용해서 함께 일하기 시작했다.

우리의 첫 번째 주요 과제는 다음 질문에 대한 명확한 해답을 찾는 것이었다.

- 나는 지금 시커 헬스를 매각하고 싶은 걸까?
- 만약 정답이 '그렇다'라면 내가 선호하는 거래 조건은 무엇일까?

그로부터 일주일이 지났지만, 회사 1로부터 아무런 연락을 받지 못했다. 이메일도, 전화도, 문자도, 아무것도 없었다. 무언가가 잘못되어 가고 있다는 명백한 조짐이었다. 하지만 나에게는 계속 성장시켜야 하는 사업이 있었으므로 그 일에 몰입했다.

일주일이 더 지난 뒤, 회사 1이 드디어 적막을 깨고 최대한 빨리 전화를 달라고 요청했다.

통화 중에 회사 1은 시커 헬스의 판매량 증가 속도가 둔화되는 것과 우리의 합동 발표에 효율성이 떨어졌던 부분이 우려된다고 털어놓았다. 그들은 거래를 보류하자고 제안했다.

나는 '회사 1이 제기한 우려 중에 합동 발표가 매끄럽지 못했다는 점에는 동의하지만, 시커 헬스의 거래 파이프라인은 여전히 탄탄하다'라고 대답했다. 그리고 시커 헬스를 인수하려는 추가적인 문의가 있었으나, 현재의 독점 합의 때문에 논의를 시작하지 못했다고 말했다. 거래를 보류하기보다 회사 2와 연락할 수 있도록 독점 합의를 끝내고 싶었다.

회사 1은 또 다른 회사에서 관심을 보였다는 사실에 놀란 것 같긴 했지만, 다음 날 독점 합의를 끝내는 문서를 보냈다. 나는 이제 회사 2와 자유롭게 논의할 수 있었다.

바로 그날, 회사 2에 이메일을 보냈다.

발신: 샌드라 슈필버그
수신: 회사 2의 대리인
그동안 안녕하셨습니까, 시커 헬스에 관심을 가져주셔서 감사합니다. 이 기회를 더 상세히 살펴볼 수 있게 되었습니다. 전화 통화를 원하신다면, 저는 아래 시간대에 가능합니다.

잠시 숨을 쉬려고 멈췄을 때 문득 회사 1과 함께 했던 경험이 감사하다는 생각이 들었다. 인수합병 거래를 해본 경험이 없었던 나에게 회사 1과의 상호작용은 이제 매우 소중한 예행연습처럼 느껴졌다.

이때 찰스와 나는 시커 헬스를 매각할 시기가 맞는지 확실히 확인하기 위해 본격적으로 작업을 시작했다. 확인 작업의 일부로 찰스는 각각 다른 날에 완성하라며 두 가지 표를 제시했다.

첫 번째 표는 시커 헬스를 그해에 매각했을 때의 비용과 보상을 감정적, 정신적, 신체적, 재무적 관점에서 정리할 수 있게 해주었다. 두 번째 표는 시커 헬스를 판매하지 않고 계속 경영했을 때의 비용과 보상 시나리오를 정리한다.

올해 시커 헬스를 매각한다면…

분야	비용	보상/혜택
감정적	• 어느 정도의 자유와 자율성을 희생하고 있다.	• 무언가 가치 있는 것을 만들어냈다는 만족감을 제공해 준다. • 내부적으로 인정받는다. • 외부적으로 인정받는다. • 자신감을 얻는다.
정신적	• 너무 일찍 매각했다고 후회할 가능성이 있다.	• '좋은' 마무리이며, 모든 것이 끝난다.
신체적	• 통합 작업 기간에 직원으로서 출장을 다녀야 하므로 지금보다 더 많은 이동 시간을 들여야 한다.	• 백오피스 업무 비중이 줄어들면서 프런트 오피스(제품/고객 관련 업무)에 더 집중할 수 있다.
재무적	• 미래의 재무적 성장을 희생해야 한다.	• 지금까지 만들어 온 가치에 대한 재무적 유동성을 제공해 준다. • 내가 우리 가족을 위해 세운 재무적 안정 목표를 달성할 수 있게 해준다.

올해 시커 헬스를 매각하지 않는다면…

분야	비용	보상/혜택
감정적	지금까지 만든 가치를 보유할 기회를 잃어버린다.	이 스타트업을 계속 키울 수 있을 것이다.

정신적	더 큰 것을 만들어내기 위해 계속 인내심을 가지고 일해야 한다. 하지만 인내심은 내가 정신적으로 성장할 수 있는 분야 중 하나다.	지속적인 자율성을 누릴 수 있다.
신체적	단독 창업자로서 받는 스트레스를 계속 버텨내야 할 것이다.	지속적인 독립성을 누릴 수 있다.
재무적	당장의 재무적 안정을 쟁취할 기회를 희생해야 한다.	최종 재무적 보상이 더 클 수도 있다 (아니면 더 적을 수도 있고, 아예 없을 수도 있고, 불확실하다!).

다음으로, 우리는 올해 시커 헬스를 매각했을 때의 비용을 낮추거나 없앨 방법을 찾기 위해 노력했다. 예를 들어, 통합 작업 기간을 단축하면 내가 자유와 자율성을 희생해야 하는 시간을 줄일 수 있을 것이다.

회사 2를 직접 방문했다. 처음 해보는 도전이 아니었기 때문에 훨씬 쉽게 느껴졌다. 회사 2는 미팅에 소유주, 총지배인, 투자은행 직원과 함께 왔다. 미팅 분위기는 화기애애했지만, 최적의 합인지에 대한 확신이 들지는 않았다. 회사 2의 전문 분야는 환자가 아닌 의사와의 헬스케어 커뮤니케이션이었다. 회사 2가 시커 헬스를 인수하면 강력한 규제를 받는 분야로의 첫 진출을 시도하는 것이었다. 나는 어떤 거래도 완벽한 합은 없으며 구체적인 거래 조건이 명시된 인수의향서를 받기 위해 다시 한번 노력해야 한다는 사실을 깨달았다.

약 한 달 뒤에 회사 2가 인수의향서를 제시했다. 좋은 소식은 회사 2에서 제시한 가치평가 액수가 회사 1의 제안보다 높았다는 것이다. 나쁜 소식은? 나머지 거래 조건이 매력적이지 않았는데, 세부 내용에 대해서는 말을 아끼려고 한다.

찰스와 격주로 진행하는 전화 미팅에서 상황을 설명했다. 우리는 단 몇 개월 만에 회사 두 곳에서 시커 헬스의 인수를 제안했으며, 두 번째 회사에서 가치를 더 높이 평가했다는 사실을 축하했다. 그리고 나서 나는 회사 2의 제안이 얼마나 받아들이기 힘든지에 대해 한탄했다.

우리가 공유하고 있는 구글 문서Google Doc에 나는 다음과 같이 입력했다.

"나는 정말 좋은 것을 원한다."

그리고 찰스의 조언에 따라 "나에게는 그럴 권리가 있다."라는 말을 덧붙였다.

나는 회사 2의 제안에 감사하다는 말을 전하면서 답변을 보내기까지 몇 주가 걸릴 것 같다고 말했다. 다음에 어떤 일이 일어날지 확신할 수 없었지만, 이 시점에서 나는 시간을 벌어야 했다.

남동생 조엘에게 전화를 걸어 내 실망감을 털어놓았다. "만약 시커 헬스를 인수하는 데 흥미를 보인 회사가 두 곳이나 있다면, 분명 또 하나가 있을 거야… 두 군데, 아니 열 군데가 더 있을지도 몰라." 조엘이 말했다. "누나가 만든 건 보석이야." 이 말을 듣고 나는 눈물을 흘렸다.

그러는 동안 시커 헬스에서 더 성장시킬 영역을 찾기 위해 찰스와 함께 계속 일했다. 사업 개발 분야에는 지속적인 관심이 필요했다. 영업 분야에 투입할 더 많은 시간을 확보하기 위해 내 능력의 범위를 벗어나고 있는 송장작성, 수금, 거래 조정 업무를 오주에 줬다.

이어진 다음 주에는 찰스와 함께 '좋은 거래'의 모습을 구체화하는 데 집중했다. 찰스는 내가 생각하는 이상적인 거래에 대한 명확한 그림을 그리는 데 도움을 주기 위해 이렇게 물었다. "정말 좋은 것이란 무엇일까요?"

나는 시커 헬스의 인수 제안서에 포함되어야 할 '정말 좋은 것' 목록을 만들었다.

- 가치 평가액이 X 이상일 것
- 회사를 100% 매각할 것
- 비상장 회사와 거래할 경우 최종 지급되는 현금 비중은 Y%를 초과할 것
- 미래 지급금은 매출 등 내가 어떻게든 통제할 수 있는 요소를 반영하며 Z% 미만일 것
- 통합 작업 기간을 위해 최대 2년간의 고용에 합의할 것
- 시커 헬스는 현 위치의 반경 16km 이내에 머무를 것
- 시커 헬스에 현재 근무 중인 모든 직원은 새로운 회사의 직원으로 계속 근무할 것
- 인수자는 시커 헬스의 기술과 확장성을 인정할 것
- 인수자는 공통 업무(인사, 회계, 정보기술 서비스, 법률, 규정 준수, 보험)에서 시커 헬스를 면제해 줄 것

조엘은 옳았다. 회사 3의 대리인이 시커 헬스의 인수를 문의하기 위해 링크드인으로 연락했다. 대리인은 이번에도 고위 간부로부터 우리 회사에 대해 알게 되었다고 했다.

우리는 시커 헬스를 소개할 전화 미팅 일정을 잡았다. 전화 미팅이 끝날 때쯤 회사 3은 제안에서 내가 어떤 것을 바라는지 물었다. 마침 찰스와 이 부분을 정리해두었던 나는 '정말 좋은 것' 목록 상단의 5가지 항목을 다듬어서 전달했다.

전화선 반대편에서 충격받거나 당황한 듯한 이상한 소리는 들리지 않았고, 이것은 언제나 내가 원하는 바를 요구하라는 생각에 확신을 더해주었다. 우리는 대면 미팅 준비를 각사의 사무실에서 한 번씩 하기로 하고 준비사항에 대해 논의하며 전화 미팅을 마쳤다.

대면 미팅은 또 다른 느낌이었다. 회사 3은 처음부터 시커 헬스를 이해하는 것 같았다. 환자 커뮤니케이션 분야에서 오랜 경험을 쌓아온 회사 3은 우리 제품에 대한 수요를 이해했고, 우리의 소프트웨어로 가능한 사업 확장성을 인정했다.

회사 3과 진행한 미팅들에서 좋은 느낌을 받았고, 며칠 뒤에 회사 3이 보내온 인수의향서는 '정말 좋은 것' 목록에 있는 내 요구사항과 겹치는 부분이 많았다.

그 다음주에 나는 여전히 사업을 구축하는 일상 업무로 바빴고 필라델피아에서 진행된 산업 회담에서 '고객의 흥미와 리드 생성하기'를 주제로 강연을 했다. 발표가 끝나고 회사 4의 대리인이 나에게 다가왔다. 우리는 네트워킹 회의실에 있는 테이블에 앉아 질문을 주고받았다. 그러고 나서 나는 이렇게 말했다. "저는 수중에 인수의향서가 있는 상태입니다. 관심이 있으시다면 얼마나 빨리 움직여주실 수 있나요?" 대리인은 회사 4의 CEO와 연결해 주겠다고 약속했다. 며칠 뒤 대리인이 이메일로 내게 연락을 했지만, 논의할 시간을 조정하자는 나의 답변에 응답이 없었다. 여기에서 의식적으로 잠깐 멈춰보겠다.

이 세 번째와 네 번째 회사들은 (도대체) 뭘 매수하고자 하는 걸까?

논의 과정 중에 그들은 아래 내용이 포함된 기준을 공유했다.

- 증명된 견인력이 있는 사업
- 큰 고객 규모를 보유하되, 한 고객의 비중이 너무 크지 않을 것
- 월간 매출이 전년 대비 2배, 3배, 또는 그 이상으로 불어날 것
- 연간 수익이 전년 대비 2배, 3배, 또는 그 이상으로 불어날 것
- 확장성 있는 기술
- 다음 단계로 확장할 능력을 갖춘 간부와 팀
- 교차 판매cross-selling하기 좋은 제품/서비스 조합성

자 이제, 인수의향서의 세계로 돌아가 보자. 회사 3과의 인수의향서 위에 그어진 법률적 레드라인redline(협상 시 한쪽이 양보하지 않으려는 쟁점이나 요구의 한계선을 명시한 기준이다. - 옮긴이)이 마무리되고 있었고 회사 4는 묵묵부답이었다. 계약서에 서명하거나 시간을 끌어

야 했다.

나는 스스로에게 물었다. 과연 나는 '충분함'이 눈앞에 있을 때 알아볼 수 있을까? 찰스와 함께 정말 좋은 제안이 어떤 모습일지에 대한 목록을 만들었고, 회사 3의 제안은 모든 기준을 충족시켰기에 이 제안이 충분하다는 사실을 알았다. 회사 4에서 어떤 제안을 해올지 기다려볼 수도 있었지만, 이 회사는 빠르게 움직이지 않고 있었다.

나는 결정을 내리고 회사 3의 인수의향서에 서명했다. 회사 3은 충분한 제안을 했고, 나 역시도 추가로 예상되는 거래나 지급금의 유무와 상관없이 충분하다고 느꼈던 것 같다.

실사가 시작되었지만, 회사 3이 찾는 정보가 대부분 회사 1에서 요청했던 것이었기 때문에 지난번보다 훨씬 쉽게 느껴졌다.

실사를 집행하는 동안 나는 줄곧 신규 고객 거래의 사업 개발 파이프라인을 뜨겁게 유지했다. 시커 헬스의 판매량 증가 속도가 둔화되고 있다는 회사 1의 판단은 틀렸다. 5월과 8월 사이에 시커 헬스는 고객 여덟 곳과 계약을 맺었다.

몇 주 뒤, 회사 4 CEO의 비서가 미팅 일정을 요청하는 이메일을 보냈다. 나는 지금 독점 합의에 구속되어 있어서 만나기 어려울 것 같다고 회신했다. '전송'을 누른 지 몇 분 뒤 회담에서 이야기를 나눴던 회사 4의 대리인이 전화를 걸었다.

"저희 CEO께서 할 일이 없어서 팔로알토에 있는 아무도 모르는 작은 스타트업에 연락하는 줄 아십니까?" 대리인이 내가 회사 4를 기다려주지 않은 것에 대해 화를 내며 짜증스럽게 물었다.

나는 "처음 뵈었을 때 말씀드렸던 것처럼 수중에 인수의향서가 있는 상태였고, 그 제안을 받아들이기로 했습니다."라고 대답하고, 지금 이 상황에서 끌어모을 수 있는 최대한의 품위를 발휘하여 전화를 끝마쳤다. 오히려 이 전화 덕분에 회사 4를 기다리지 않길 잘했다는 확신이 들었다.

몇 주 뒤 회사 3과 시커 헬스는 실사와 역 실사를 마쳤고, 계약 종결일이 성큼 다가왔다. 회사 3의 법률팀에서 매수 및 고용 합의서를 작성하여 우리 쪽 변호사에게 전달했는데, 알고 보니 우리 쪽 변호사는 하와이에서 긴 휴가를 보내는 중이었다.

"저는 휴가를 존중하는 사람이고 변호사님께서 좋은 시간을 보내시길 바라지만, 하와이에 계시는 기간에 레드라인이 필요할 것 같아요." 내가 말했다.

"알겠습니다." 변호사가 대답했다.

지금 일어나고 있는 모든 일은 나에게 여전히 낯설었다. 찰스와의 코칭 시간은 내가 중심을 잡고 정신을 차리게 하는 데 집중됐다. 나는 좋은 것을 요구했고, 요구한 것을 받았고, 이제는 고객들을 만족시키고, 신규 고객을 모집하고, 제품 업데이트를 계획하고, 팀을 관리하면서 결승선을 뚫고 지나갈 차례였다.

이제 필도 기뻐했다. 우리 둘 다 정상적인 주기로 잠을 자지 못하고 있었다. 잠들지 못하는 밤이면, 레이철의 말이 머리 뒤편에서 울렸다. "거래는 모든 문서가 서명되고 계좌에 대금이 입금된 걸 확인해야 정말 끝난 거예요."

이 모든 일이 물거품으로 돌아갈 수도 있었다.

또는 충분함 그 이상의 결과로 나타날 수도 있었다.

노동절이 지나고 일주일 뒤 우리는 여전히 순 운전자본과 같은 성가신 계약 조항에 대해 협상하고 있었다. 순 운전자본이란, 매수자가 자금의 추가적인 투입 없이 운영을 지속할 수 있도록 회사에 남아 있을 것이라고 기대하는 액수를 뜻한다.

드디어 모든 레드라인이 합의되고 계약서를 집행할 준비가 완료되었다. 나는 여느 날처럼 차를 몰고 사무실로 출근했다. 다만 평소와 다른 점이 있다면, 이날은 필이 행사를 구경하려고 내 옆에 앉아 있었다.

서명란에 파란색 잉크로 이름을 쓴 뒤 서명하고, 스캔해서 계약서를 다시 보냈다. 서류 작업 부분은 끝났다.

회사 3의 직원 한 명이 마지막으로 송금 절차를 확인하기 위해 전화를 걸었다. 8을 0으로 헷갈릴 정도로 들뜬 상태였지만, 어떻게든 모든 숫자를 정확하게 읽어냈다.

"알겠습니다." 전화기 속에서 재무 담당자가 말했다. "이제 송금 버튼을 누를게요. 입금 내역 확인되시면 전화 부탁드립니다."

새로 고침, 새로 고침, 새로 고침을 눌렀다.

새로 고침을 수십 번 더 눌렀다.

내 재무 자문가에게 전화를 걸었다.

한 번 더 새로 고침을 눌렀다.

필이 재무 자문가에게 전화를 걸었다.

다시 한 번 새로 고침을 눌렀다.

드디어 보였다. 이 모든 경주의 결승선이 눈앞에 숫자로 나타났다.

충분해지고, 충분히 가지고, 충분히 하는 것은 내 인생의 투쟁이었다. 드디어 충분함 그 이상이 나에게 주어졌고, 이것은 나뿐만 아니라, 우리 가족, 시커 헬스의 가족들, 고객들, 그리고 시커 헬스가 서비스하는 환자들에게도 충분함 그 이상이었다. 눈앞에 충분함이 놓여 있을 때 알아보는 방법을 배우면서 나는 이 풍족한 느낌이 시커 헬스와 맞닿아 있는 모두에게 퍼지도록 노력할 거라고 다짐했다.

그 당시 나는 또 한 번 초보자가 되어 회사 3과의 통합 작업 기간에 어떤 일이 생길지 알지 못하는 상태로 전진했다. 하지만 내 마음가짐이 나를 이 신나는 마무리 단계에서 완전히 새로운 시작 단계로 잘 이끌어주리라고 믿었다.

가르침: 당신이 원하는 것을 요구하라

내일 당장 당신의 스타트업을 인수할 사업체가 연락해 올지 알 수 없으므로 당신이 할 수 있는 일은 혹시 모르는 상황에 대비하는 것뿐이다. 아래 수록된 조언을 참고하라.

- **당신이 눈에 띌 만한 곳에 가라.** 당신의 스타트업이 타깃이 설정된 가시성을 확보하는 것은 중요하다. 여기에서 '타깃이 설정된'이라는 단어에 집중해보자. 이것은 대중 매체의 반대말이다. 고객, 공급

자, 경쟁자, 인접 기업을 발견할 수 있는 산업 회담에 집중하라. 만약 당신이 회사의 매각을 목표로 한다면 당신의 인수자 역시 이 공간에서 돌아다니고 있을지 모른다. 예를 들어, 만약 디지털 탈의실 기술을 제공하는 회사를 창업했다면 테크크런치 디스럽트TechCrunch Disrupt(북미 최대 온라인 매체인 테크크런치가 주관하는 창업 행사로, 유명 정보기술업체 CEO의 강연 및 스타트업 경연대회 등이 열린다.-옮긴이) 보다는 메이시스Macy's, 노드스트롬Nordstrom, 블루밍데일Bloomingdale이 참석할지도 모르는 패션/리테일 산업 회담에서 인수자와 고객을 찾을 확률이 더 높다.

- **기록을 빛날 정도로 깨끗하게 관리하라.** 인수자가 당신의 회사를 매수하러 왔을 때 5년 치의 지저분한 재무 기록을 정돈하고 요청받은 정보를 모두 정리해야 한다면 너무 늦는다. 회사가 아무리 작아도 당신의 스타트업을 보증해 줄 전문적인 회계업체를 고용해서 정확한 재무제표를 발행하는 월간 정산 프로세스를 시행하라. 동시에 자기 자본 서류화와 설립 과정 기록을 해두어라. 당신의 회사가 관여된 모든 계약서의 사본을 빠짐없이 만들어서 보관하라.

- **수익을 내기 위해 노력하라.** 벤처 캐피털을 통한 자금 조달이라는 가상 세계 바깥에서 사업을 하는 기업은 반드시 수익을 내야 한다. 인수자는 성장하는 사업, 다시 말해, 인수자의 수입을 증가시켜줄 사업을 하는 스타트업을 더 매수하고 싶어 할 것이다. 물론 회사들은 오로지 스타트업의 기술, 직원, 사용자, 매출(손실이 있더라도)만 보고 매수하기도 하지만, 전년 대비 수익을 증가시키는 능력은

인수자의 인수 위험을 줄여준다.

마지막으로, 당신이 엑시트 단계를 준비할 수 있도록 샘플 실사 목록을 준비했다.[1]

- 재무
  - 손익 계산서, 현금흐름표, 대차대조표, 총계정 원장, 지불 및 수취 계정 (최근 5년 치)
  - 신용 평가 보고서
  - 소득 신고서 (최소 최근 3년 치)
  - 제품별 수익률 및 총수익
  - 모든 제품, 장비, 부동산 재고 목록 (총 가치 포함)

- 사업 설립
  - 법인 설립 및 개정에 관한 조항
  - 내부 부칙 및 개정 사항
  - 현재 투자자 및 주주 요약
  - 모든 기업명 및 상표 브랜드명
  - 회사가 사업할 권한을 부여받은 지역

---

[1] 밥 하우스Bob House에서 각색했다, "실사 체크리스트 - 사업을 매수하기 전에 확인할 것 Due Diligence Checklist—What to Verify Before Buying a Business," BizBuySell (웹사이트)

- 기술
  - 고객 설명
  - 기술적 설명
  - 특허 출원
  - 사용 설명서

- 사업 운영
  - 모든 제품 및 서비스 (생산 비용 및 이윤 포함)
  - 마케팅 계획, 고객 분석, 경쟁자, 산업 동향
  - 회사의 브랜드 정체성 (로고, 웹사이트, 도메인 포함)
  - 모든 고객 데이터베이스, 구독자 목록, 판매 기록
  - 모든 광고 프로그램, 마케팅 프로그램, 이벤트
  - 구매 및 환불 규정
  - 모든 고객 조사 데이터, 백서 및 연구

- 모든 계약서
  - 비공개 또는 비경쟁 합의서, 보증서
  - 구매 주문서, 견적서, 청구서, 품질 보증서
  - 보안 협정, 대출, 담보 저당
  - 인수의향서, 계약서, 실행된 인수합병 건에 대한 종결 증명서
  - 분배 합의서, 판매 합의서, 구독 합의서

- 모든 차용계약서, 자재임대계약서, 한도대출설정액, 약속 어음
- 관리인, 책임자, 대표자 간 계약
- 주식 매입 계약서 및 기타 옵션

• 법률 및 규정 준수
- 회사를 대표하는 모든 대리인 및 법무법인, 전문 분야
- 계류 중인 소송 또는 소송 위협
- 미충족된 판결
- 모든 보험 담보 범위 및 규정
- 모든 전문적인 면허 및 허가
- 모든 기업 특허, 상표, 저작권
- 제품 발명, 공식, 비법, 기술적인 노하우 know-how
- 모든 소유권 데이터 및 디지털 정보
- 모든 업무상 저작물 또는 컨설팅 합의서
- 데이터 수집 관행
- 사생활 보호 및 이용 약관

• 인적 자원
- 직원 명단 및 조직도
- 직원 계약서 및 독립 계약자 합의서
- 급여 지급 정보 및 직원 납세 신고서
- 인적 자원 규칙 및 절차

- 직원 복지, 퇴직 연금 및 보험

- 당신의 사업을 매수하고자 하는 사람과 관련된 모든 기타 사항

당신이 정말 원하는 것을 요구하라

당신이 매수자들의 제안을 평가하는 상황이 온다면, 당신이 창조물과 궁극적으로 작별할 때 정말 원하는 것이 정확히 무엇인지 사전에 정의해 놓는 것이 가장 중요하다. 당신이 창업하고, 땀과 눈물을 흘리며 힘들게 구축한 사업이 지금의 모습으로 존재하는 것은 단 한 번뿐이다. 매각하고 난 다음에 후회할 가능성을 최소화하기 위해 원하는 바를 명확히 하는 프로세스에 충분한 시간을 들여라. 만약 사업을 매각하고자 하는 마음에 대한 확신이 있다면 다음으로 할 일은 이상적인 제안의 특성을 정의하는 데 집중하는 것이다. 똑같이 생긴 인수 계약은 없으므로 당신의 목표와 일치하는 거래 조건을 창의적으로 고민하라. 이 거래가 오직 한 번만 성사된다는 사실을 기억하면서 거래를 가치 있게 만들어라.

명상 가이드: 당신이 남기고 싶은 것 떠올리기

숨을 깊이 들이쉬고, 당신이 누구인지 가장 명확히 알고 있는 당신이라는 존재의 가장 깊숙한 곳으로 자신을 집중시킵니다.

일시성은 일관적이고 아름다운 암시입니다. 모든 육체는 끝을 맞이합니다. 모든 이야기에는 결말이 있습니다. 이 기회가 한정적이고, 소중하고, 특별하다는 사실을 아는 것에는 아름다움이 있습니다.

이것을 염두에 두고 질문해 봅시다. 당신은 어떤 끝을 맞이하고 싶나요?

가능한 결말 중에서 최선이 무엇일지 상상해 보세요. 무엇이 보이시나요? 어떤 것을 남기고 싶으신가요? 감각과 질감, 그리고 명확한 이미지를 떠올려보세요.

당신의 이야기가 어떻게 끝나길 바라시나요?

◉◉ 한눈에 보기

- 타깃이 설정된 가시성을 확보하고 눈에 잘 띄는 곳에 가서 기회를 끌어들여라.
- 만약 마주한 기회가 별로라고 판단되면, 무언가 더 좋은 것이 곧 나타날 것이라는 믿음을 가져라.
- 재무 및 설립 과정에 대한 기록을 빛날 정도로 깨끗하게 관리하라.
- 수익성을 추구하라. 수익성은 잠재 인수자들에게 엄청나게 매력적인 요인이다.
- 딜레마와 마주했을 때는, 비용/혜택을 감정적, 신체적, 정신적, 재무적 단위로 나누어서 명확히 분석하라.
- 이 거래는 오직 한 번만 성사되므로, 가치 있게 만들어라.
- 당신이 무언가 멋진 것을 만들었다면 언젠가 놔줄 준비를 해라. 그것이 사업이건, 예술 작품이건, 자식이건 모든 것은 언젠가 스스로 살길을 찾아야 한다.

마치며

1939년 1월 폴란드 소콜로우에서 키가 작고 다부진 체격의 26세 여성 말케 베케르만Malke Bekerman은 소매와 모자, 옷깃에 나치당 표식이 새겨진 뻣뻣한 회색빛 유니폼을 입은 나치 병사에게 붙들려 얼어붙은 벽에 바싹 붙어 서 있었다.

병사는 바지 주머니에서 날카로운 가위를 꺼내 양 갈래로 땋아 내린 그의 긴 갈색 머리를 뿌리 쪽에 가깝게 잘라냈다. 땋은 머리는 거칠게 절단된 팔다리처럼 차가운 콘크리트 바닥에 떨어졌다.

당시의 공식은 죽을 때까지 태어난 곳에서 계속 사는 것이었다. 말케는 이 공식을 따르지 않았다. 트라우마가 몸에 밴 채로 난민 선박에 올라타 대서양을 건넜다.

말케는 가진 거라곤 입은 옷밖에 없는 채로 우루과이 몬테비데오에 도착했다. 그는 최소한 언어가 통하고 아는 사람들이 있는 폴란드로 돌아가고 싶다고 날마다 생각했지만 돌아간다는 것은 그의 삶, 그의 쿵쾅거리는 진짜 심장을 포기한다는 것을 뜻했다. 그는 우루과이에 남아서 일을 하고, 결혼도 했다. 그리고 나의 아버지를 낳았다.

나의 할머니는 있음 직하지 않은 영웅이었다. 할머니의 생존 본능은 할머니의 자랑스러운 업적이자 내가 살아있는 이유다. 할머니가 공식을 뒤로하고 주변에 있었던 자원을 활용하여 자신의 삶을 구원하겠다고 선택했을 때 그는 우리 가족을 위한 안전망을 깁기 시작한 것이기도 했다. 나의 부모님은 고된 노동과 우루과이에서 미국으로의 이민을 통해 이 안전망을 더 촘촘하게 기웠고, 나에게 인생에서 '살아남기'를 더 쉽게 만들어줬다. 자, 이제 내 차례가 왔다. 이제 내가 공식을 따르지 않고, 공식이 '되지' 않고 안전망을 더 기울 차례였다.

공식을 따르지 않는 사람들의 이야기, 있음 직하지 않은 생존자들의 이야기는 중요하다. 그들은 우리가 포기하기를 거부했을 때, 새로운 길을 개척했을 때, 스스로의 본능을 따르고 세상이 건넨 도움의 손길을 잡았을 때 어떤 일이 생기는지 보여준다.

스타트업은 그것 자체의 생존을 위해 싸워야 하는 어려운 시도다. 나는 우리가 진실을 배울 수 있도록 생존한 사람들이 목소리를 높여야 한다고 생각한다. 창조하고, 성공하고, 영향력을 미치는 일에는 공식이 아니라 백만 가지 방법이 있다는 진실 말이다.

따라서 나는 당신이 아래 일들을 이루길 바란다.

- 시작할 용기와 영감을 찾길 바란다.
- 고투하는 시기를 넘어서고 당신의 목적과 일치하는 무언가를 창조하길 바란다.
- 성별, 인종, 국적, 나이 등 사회가 부여한 라벨을 버릴 수 있길 바란다.
- 당신의 스타트업으로 인해 당신과 당신이 소속된 커뮤니티가 개인

마치며

적, 직업적, 재무적 측면에서 성장할 수 있길 바란다.
- 앞서 누군가 걸어간 길인가와 상관없이 당신에게 맞는 당신만의 길을 걷길 바란다.
- 이 세상에 당신이라는 존재는 단 하나밖에 없으며 세상이 당신의 특별하고 가치 있는 창조물을 기다리고 있다는 사실을 깨닫길 바란다.

이 책은 하나의 창업자, 하나의 스타트업, 일련의 창업기, 한 묶음의 교훈을 담은 하나의 이야기일 뿐이다.

계속 탐색하라. Keep seeking.

그리고, 당신만의 스타트업 이야기를 시작하라.

인용된 자료

- 크리스 베일리Chris Bailey 지음. 소슬기 옮김.『하이퍼포커스: 효율성 제로에서 에이스가 되는 집중의 기술』New York: Viking, 2018.
- 토니 버나드Toni Bernhard.『How to Wake Up: A Buddhist-Inspired Guide to Navigating Joy and Sorrow』Boston: Wisdom Publications, 2013.
- 라이더 캐롤Ryder Carroll 지음. 최성옥 옮김.『불렛저널: 과거를 기록하고 현재를 정리하며 미래를 계획하라』New York: Portfolio/Penguin, 2018.
- 브루스 클리브랜드Bruce Cleveland 지음.『Traversing the Traction Gap』New York: Radius Book Group, 2019.
- 앤절라 더크워스Angela Duckworth 지음. 김미정 옮김.『그릿: IQ, 재능, 환경을 뛰어넘는 열정적 끈기의 힘』New York: Scribner, 2016.
- 캐럴 드웩Carol S. Dweck 지음. 김준수 옮김.『마인드셋: 스탠퍼드 인간 성장프로젝트 | 원하는 것을 이루는 태도의 힘』New York: Random House, 2006.
- 브래드 펠드Brad Feld, 제이슨 멘델슨Jason Mendelson 지음.『Venture Deals: Be Smarter than Your Lawyer and Venture Capitalist』Hoboken, NJ:

Wiley, 2013.
- 데이먼드 존Daymond John, 다니엘 페이즈너 Daniel Paisner 지음.『The Power of Broke: How Empty Pockets, a Tight Budget, and a Hunger for Success Can Become Your Greatest Competitive Advantage』New York: Crown Business, 2016.
- 벤 호로위츠Ben Horowitz 지음. 안진환 옮김.『하드씽: 경영의 난제를 푸는 최선의 한 수』New York: Harper Business, 2014.
- 게리 라킨Geri Larkin 지음.『Plant Seed, Pull Weed: Nurturing the Garden of Your Life』San Francisco: HarperCollins, 2009.
- 마크 맨슨Mark Manson 지음. 한재호 옮김.『신경 끄기의 기술: 인생에서 가장 중요한 것만 남기는 힘』New York: HarperCollins, 2016.
- 에밀리 나고스키Emily Nagoski, 아멜리아 나고스키 Amelia Nagoski 지음.『Burnout: The Secret to Unlocking the Stress Cycle』New York: Ballantine Books, 2019.
- 칼 뉴포트Cal Newport 지음. 김태훈 옮김.『딥워크: 강렬한 몰입, 최고의 성과 | 일과 삶의 균형을 잡는 스마트한 업무법』New York: Grand Central Publishing, 2016.
- 에릭 리스Eric Ries 지음. 이창수 옮김.『린 스타트업: 지속적 혁신을 실현하는 창업의 과학』New York: Crown Business, 2011.
- 닥터 수스Dr. Seuss (시어도어 수스 가이젤Theodor Seuss Geisel) 지음.『Oh, the Places You'll Go!』New York: Random House, 1990.

지속적인 성장을 위한 참고 자료

비즈니스 및 스타트업

- 『Lost and Founder』, 란드 리쉬킨Rand Fishkin 지음.
- 『린 스타트업』, 에릭 리스Eric Ries 지음, 이창수 옮김.
- 『제프리 무어의 캐즘 마케팅』, 제프리 무어Geoffrey A. Moore 지음, 윤영호 옮김.
- 『Traversing the Traction Gap』, 브루스 클리브랜드Bruce Cleveland 지음.
- 『First, Break All the Rules』, 마커스 버킹엄Marcus Buckingham 지음.
- 『나는 왜 이 일을 하는가』, 사이먼 사이넥Simon Sinek 지음, 이영민 옮김.
- 『Startups and Downs』, 모나 비주어Mona Bijoor 지음.

자금 조달

- 『Secrets of Sand Hill Road』, 스콧 쿠포Scott Kupor 지음.
- 『Venture Deals』, 브래드 펠드Brad Feld, 제이슨 멘델슨Jason Mendelson 지음.

사고방식의 변화

- 『As Heart as Wide as the World』, 샤론 살츠버그Sharon Salzberg 지음.

- 『행동하라』, 스티븐 프레스필드Steven Pressfield 지음, 박성준 옮김.
- 『마인드셋』, 캐럴 드웩Carol Dweck 지음, 김준수 옮김.
- 『비폭력대화와 사랑』, 마셜 로젠버그Marshall Rosenberg 지음, 이경아 옮김.
- 『받아들임』, 타라 브랙Tara Brach 지음, 김선주, 김정호 옮김.
- 『The Art of Possibility』, 로자먼드 스톤 잰더Rosamund Stone Zander, 벤자민 잰더Benjamin Zander 지음.
- 『될 일은 된다』, 마이클 싱어Michael A. Singer 지음, 김정은 옮김.
- 『When Things Fall Apart』, 페마 초드론Pema Chödrön 지음.

건강한 삶

- 『Healing with Whole Foods』, 폴 피치포드Paul Pitchfold 지음.
- 『How Not to Die』, 마이클 그레거Michael Greger 지음.
- 『제3의 성공』, 아리아나 허핑턴Arianna Huffington 지음, 강주헌 옮김.
- 『Burnout』, 에밀리 나고스키Emily Nagoski, 아멜리아 나고스키Amelia Nagoski 지음.

코칭

- 찰스 로즈Charles Rose: www.charlesrose.coach

치유 센터 & 에너지 회복 이벤트

- 에솔렌 인스티튜트Esalen Institute, 빅서Big Sur, 캘리포니아
- 1440 멀티버시티Multiversity, 스콧츠 밸리Scotts Valley, 캘리포니아

- 크리팔루 센터Kripalu Center, 스톡브리지Stockbridge, 머사추세츠
- 오메가 인스티튜트Omega Institute, 라인벡Rhinebeck, 뉴욕
- 홀리혹Hollyhock, 코르테스 섬Cortes Island, 브리티시컬럼비아British Columbia, 캐나다
- 그린 걸치 팜 젠 센터Green Gulch Farm Zen Center, 뮤어 비치Muir Beach, 캘리포니아
- 스피릿 록 명상 센터Spirit Rock Meditation Center, 우드에이커Wookdacre, 캘리포니아
- 애니마스 밸리 인스티튜트Animas Valley Institute, 전 세계 프로그램
- 라트나 링 치유 센터Ratna Ling Retreat Center, 카자데로Cazadero, 캘리포니아

추가 참고 자료

업데이트된 현재 버전의 창업자용 참고 자료 목록을 확인하고 싶으시다면 제 웹사이트 sandrashpilberg.com을 방문해 주세요.

뉴 스타트업 마인드셋
새로 쓰는 스타트업 성공 신화

초판 1쇄 발행 2022년 1월 10일

지은이 샌드라 슈필버그
옮긴이 최영민

펴낸이 김도형
펴낸곳 ㈜도서출판도서담 등록 제2021-000053호(2021년 2월 10일)
주소 서울특별시 마포구 월드컵로10길 62
전화 070-8098-8535 팩스 050-7712-6712
이메일 dsd@doseodam.com 홈페이지 doseodam.com

ⓒ ㈜도서출판도서담
ISBN 979-11-974263-1-5 (03320)

* 책값은 뒤표지에 있습니다.
* 잘못된 책은 구입하신 서점에서 바꾸어 드립니다.
* 이 책은 저작권법에 따라 보호받는 저작물로 무단전재와 무단복제를 금지하며, 이 책 내용의 전부 또는 일부를 이용하려면 반드시 저작권자와 ㈜도서출판도서담 양측의 동의를 받아야 합니다.

도서담(DOSEODAM)은 독자 여러분의 소중한 아이디어와 원고 투고를 두근거리는 마음으로 기다리고 있습니다. 세상에 소개하고 싶은 아이디어가 있으신 분은 dsd@doseodam.com로 간단한 개요와 취지, 연락처 등을 보내주세요.

글을 담다, 내일을 담다.
도서출판 도서담